Anonymous

Akademische Gesetze der Universität zu Göttingen

Anonymous
Akademische Gesetze der Universität zu Göttingen
ISBN/EAN: 9783743375239
Hergestellt in Europa, USA, Kanada, Australien, Japan
Cover: Foto ©Paul-Georg Meister /pixelio.de
Manufactured and distributed by brebook publishing software (www.brebook.com)

Anonymous

Akademische Gesetze der Universität zu Göttingen

Academische Gesetze
für die
STVDIOSOS
auf der
Georg=Augustus=Universität
zu Göttingen.

Gedruckt bey Pockwitz und Barmeier, Universitäts-Buchdr.
im Jahr 1763.

Wir Georg der Dritte von Gottes Gnaden König von Großbritannien, Frankreich und Irrland, Beschützer des Glaubens, Herzog zu Braunschweig und Lüneburg, des Heil. Römischen Reichs Erzschatzmeister und Churfürst ꝛc. ꝛc.

Fügen hiermit zu wissen: Demnach Wir nöthig befunden, zum Besten unserer Universität zu Göttingen und derer, die daselbst studieren, nachstehende neue academische Gesetze entwerfen zu lassen; So befehlen Wir hiermit gnädigst und wollen, daß sothane Gesetze nebst dazu gehörigen Beylagen in Druck gegeben, und sowohl denen bereits zu Göttingen anwesenden Studiosis, als künftig jedem neuankommenden bey der Matricul ausgetheilet, überall aber auf das genaueste befolget werden sollen. Signatum Hannover den 18. Aug. 1763.

(L. S.)

Ad mandatum Regis et Electoris.

Münchhausen.

Balck.

Academische Gesetze

I.

Die *Studiosi* sollen einen gottesfürchtigen Wandel führen, und dem öffentlichen Gottesdienste fleissig und ohne dessen Störung beywohnen.

Wie die Furcht des Herrn der Weisheit Anfang ist, also haben alle diejenige, welche auf der Georg-Augustus-Universität, um guten Künsten und Wissenschaften obzuliegen, sich befinden, vornehmlich Ursache einen Gottesfürchtigen und Christlichen Wandel zu führen, an Sonn-Fest- und Bet-Tagen dem öffentlichen Gottesdienste auf den sowohl in der Universitäts- als in der Stadt Kirche ihnen eingeräumten Priechen oder Emporkirchen fleissig beyzuwohnen, bey demselben zur gewöhnlichen Zeit sich einzustellen, ihn mit gebührender Andacht abzuwarten, nicht aber die Gemeinde zur Unzeit zu verlassen; dergleichen den Prediger sowohl als die andere Zuhörer an ihrer Aufmerksamkeit störendes, und mit einer offenbaren Geringschätzung der heiligen Handlungen verknüpftes Unternehmen, einen dringenden und in die Augen fallenden Nothfall ausgenommen, ohne Ahndung nicht bleiben kann.

II.

Auch der in das Land publicirten Sabbaths-Feyer-Ordnung sich gemäß verhalten, und vor, unter, und zwischen dem Gottesdienste die Schenken, *Caffé*-Häuser und *Billards* nicht besuchen.

Da auch bereits Anno 1713. eine besondere Sabbaths-Feyer-Ordnung publiciret worden, als haben alle Studiosi diesem in corpore Constitutionum Calenbergicarum Cap. I. num. V. pag. 416. befindlichen allgemeinen Landes-Gesetze sich überall gemäß zu bezeigen; Insonderheit aber vor, unter, und zwischen dem Gottesdienste des Besuchens der Schenken, Caffé-Häuser und Billards, bey Vermeidung der in obgemeldter Verordnung, vor die, welche bey den

anzu-

anzustellenden fleissigen Visitationibus daselbst sich sollten betreten lassen, allbereits gesetzten und nach Befinden der Umstände auch zu erhöhenden Geld- oder Gefängnißstrafe sich zu enthalten.

III.

Die *Studiosi* sollen ihren Vorzug nicht in einer unbändigen Freyheit, sondern in ihrer wohlanständigen unbescholtenen Aufführung suchen.

Nachdem ausser Zweifel beruhet, daß diejenige, welche sich dem Studiren widmen, wegen der vorzüglichen Dienste, welche das gemeine Wesen sich von ihnen nächsthin verspricht, vor anderer Jugend einen Vorzug verdienen; werden jedoch dieselbe sich von selbst bescheiden, daß solcher ihnen wohl zu gönnender Vorzug keinesweges durch eine sogenannte, aber gar übel betitelte, academische Freyheit, das ist, durch geflissentliche Geringschätzung der Gesetze, und der solche zu handhaben verordneten Obrigkeit, oder durch eine ungegründete Verachtung, oder gar Beleidigung anderer eben so nöthiger und unentbehrlicher Mitglieder des gemeinen Wesens; sondern einig und alleine durch einen untadelhaften Wandel, durch eine wohlgesittete Aufführung, und durch ein freundliches, wohlanständiges, höfliches, auch nach Unterschied der Personen ehrerbiethiges Betragen, so wohl unter sich selbst als gegen andere, mit denen sie leben und umgehen müssen, behauptet werden könne.

IV.

Sollen unter sich, als älteren Mitgliedern der Universität, und den Neuankommenden oder vor kurzem unter die Zahl der *Studiosorum* aufgenommenen keinen auf einen *Pennalismum* hinaus laufenden Unterschied machen.

So viel nun vorerst den Umgang der Studiosorum unter sich betrift, ist offenbar, da sie insgesamt, der jüngste sowohl als der älteste,

älteste, unter einerley Obrigkeit und deren Schutze stehen, und in so weit einander gleich sind, daß keinem, aus der recht nichtswürdigen Ursache, weil er etwa Jahr und Tag vorher in die Zahl der Studiosorum aufgenommen worden, in dem mindesten frey stehe, an denen, welche jetzo erst, oder vor kurzem ihr academisches Leben angetreten haben, mit schimpflichen oder auch verdächtigen Worten und Werken, oder sonst durch einige andere Zunöthigung, sie mag beschaffen seyn, wie sie wolle, sich zu vergehen; und daß die, welche diese Warnung aus den Augen setzen dürften, eine unausbleibliche und, nachdem die Umstände seyn möchten, recht nachdrückliche Bestrafung um so mehr zu gewarten haben, als ein solches unziemliches Beginnen vor nichts anders, als vor einen schlimmen Rest, oder höchstschädliche Wiederherstellung des überall verabscheuten Pennalismi angesehen werden kann.

V.

Landsleute haben einander alle Freundschaft, Rath und Beystand zu leisten, jedoch dabey vor allem Anscheine des verbotenen Nationalismi sich zu hüten.

Wenn diejenige, welche aus einer Stadt oder aus einem Lande her sind, von freyen Stücken Freundschaft mit einander halten, bey Fortsetzung der Studien einer dem andern mit Rath und That an die Hand gehet, auch, wenn ein Landsmann mit Krankheit befallen wird, vor dessen Pflege und Wartung diejenige vor anderen zu sorgen sich angelegen seyn lassen, welche mit dem Kranken einerley Vaterland haben, ist solches etwas erlaubtes und löbliches: Wenn aber unruhige oder müßige Köpfe eine besondere Gesellschaft und sogenannte Landsmannschaft errichten, die übrige in eine solche Verbindung einzutreten bereden, oder wohl gar nöthigen, sodann allerhand Zusammenkünfte halten, zeit- und geldfressende Gelache, oder sogenannte Cränzchen anstellen, auch wohl durch Cocarden,

oder

für die Studierenden zu Göttingen.   7

oder andere äusserliche Zeichen von dem übrigen Haufen sich zu unterscheiden suchen, und welches das schlimmste, wenn, so bald einer aus solcher Gesellschaft sich beleidiget zu seyn erachtet, die übrige, kraft ihrer Verbindung, auf dessen Seite treten, und denn, so der andere bey seinen Landsleuten auch Hülfe und Beystand suchet, eine Art des innerlichen Krieges entstehet; ist solches ein grosses, dem Respect der Obrigkeit, den Gesetzen, und der allgemeinen Sicherheit entgegenstehendes Uebel, welches man den Nationalismum nennet, das schon an sich strafbar ist, und, wenn bey den Untersuchungen dasselbe sich entdecket, es die sonst verdiente Strafe des begangenen Unfuges nothwendiger Weise erhöhen muß.

VI.

Alle Ordens-Gesellschaften sind bey Strafe der Relegation und des Verlustes der habenden *beneficiorum* verboten.

Von keiner bessern Beschaffenheit sind die sogenannte Ordens-Gesellschaften, in Betracht der daraus entspringenden unverantwortlichen Geld- und Zeitverschlitterungen, Händel, Debauchen, und anderer bösen Folgen, womit der Schade so für die Universität, als für die sogenannte Ordens-Glieder verknüpft ist: welches Ihro jetztregierende Königl. Majestät, unsern allergnädigsten Herrn, bewogen hat, in einem besondern den 9. December 1762. erlassenen, und auf hohen Befehl durch den Druck gemein gemachten Edicto anzubefehlen, daß, wer hinführo dergleichen Ordens-Zeichen tragen, den conventiculis beywohnen, oder gar als ein Ordens-Meister, Beysitzer, oder Anwerber sich bezeigen werde, mit der Relegation unabbittlich bestrafet; die Landeskinder aber und Beneficiati Ihrer geheimben Rath-Stube nahmhaft gemacht werden sollen, welche bey ihrem künftigen Beförderungs-Gesuche darauf Rücksicht nehmen, und diejenige, welche stipendia oder Freytische geniessen, ihres be-

neficii

älteſte, unter einerley Obrigkeit und deren Schutze ſtehen, und in ſo weit einander gleich ſind, daß keinem, aus der recht nichtswürdigen Urſache, weil er etwa Jahr und Tag vorher in die Zahl der Studioſorum aufgenommen worden, in dem mindeſten frey ſtehe, an denen, welche jetzo erſt, oder vor kurzem ihr academiſches Leben angetreten haben, mit ſchimpflichen oder auch verdächtigen Worten und Werken, oder ſonſt durch einige andere Zunöthigung, ſie mag beſchaffen ſeyn, wie ſie wolle, ſich zu vergehen; und daß die, welche dieſe Warnung aus den Augen ſetzen dürften, eine unausbleibliche und, nachdem die Umſtände ſeyn möchten, recht nachdrückliche Beſtrafung um ſo mehr zu gewarten haben, als ein ſolches unziemliches Beginnen vor nichts anders, als vor einen ſchlimmen Reſt, oder höchſtſchädliche Wiederherſtellung des überall verabſcheuten Pennaliſmi angeſehen werden kann.

V.

Landsleute haben einander alle Freundſchaft, Rath und Beyſtand zu leiſten, jedoch dabey vor allem Anſcheine des verbotenen *Nationaliſmi* ſich zu hüten.

Wenn diejenige, welche aus einer Stadt oder aus einem Lande her ſind, von freyen Stücken Freundſchaft mit einander halten, bey Fortſetzung der Studien einer dem andern mit Rath und That an die Hand gehet, auch, wenn ein Landsmann mit Krankheit befallen wird, vor deſſen Pflege und Wartung diejenige vor anderen zu ſorgen ſich angelegen ſeyn laſſen, welche mit dem Kranken einerley Vaterland haben, iſt ſolches etwas erlaubtes und löbliches: Wenn aber unruhige oder müſſige Köpfe eine beſondere Geſellſchaft und ſogenante Landsmannſchaft errichten, die übrige in eine ſolche Verbindung einzutreten bereden, oder wohl gar nöthigen, ſodann allerhand Zuſammenkünfte halten, zeit- und geldfreſſende Gelache, oder ſogenannte Cränzchen anſtellen, auch wohl durch Cocarden,

oder

oder andere äusserliche Zeichen von dem übrigen Haufen sich zu unterscheiden suchen, und welches das schlimmste, wenn, so bald einer aus solcher Gesellschaft sich beleidiget zu seyn erachtet, die übrige, kraft ihrer Verbindung, auf dessen Seite treten, und denn, so der andere bey seinen Landsleuten auch Hülfe und Beystand suchet, eine Art des innerlichen Krieges entstehet; ist solches ein grosses, dem Respect der Obrigkeit, den Gesetzen, und der allgemeinen Sicherheit entgegenstehendes Uebel, welches man den Nationalismum nennet, das schon an sich strafbar ist, und, wenn bey den Untersuchungen dasselbe sich entdecket, es die sonst verdiente Strafe des begangenen Unfuges nothwendiger Weise erhöhen muß.

VI.

Alle Ordens-Gesellschaften sind bey Strafe der Relegation und des Verlustes der habenden beneficiorum verboten.

Von keiner bessern Beschaffenheit sind die sogenannte Ordens-Gesellschaften, in Betracht der daraus entspringenden unverantwortlichen Geld- und Zeitversplitterungen, Händel, Debauchen, und anderer bösen Folgen, womit der Schade so für die Universität, als für die sogenannte Ordens-Glieder verknüpft ist: welches Ihro jeztregierende Königl. Majestät, unsern allergnädigsten Herrn, bewogen hat, in einem besondern den 9. December 1762. erlassenen, und auf hohen Befehl durch den Druck gemein gemachten Edicto anzubefehlen, daß, wer hinführo dergleichen Ordens-Zeichen tragen, den conventiculis beywohnen, oder gar als ein Ordens-Meister, Beysitzer, oder Anwerber sich bezeigen werde, mit der Relegation unabbittlich bestrafet; die Landeskinder aber und Beneficiati Ihrer geheimden Rath-Stube nahmhaft gemacht werden sollten, welche bey ihrem künftigen Beförderungs-Gesuche darauf Rücksicht nehmen, und diejenige, welche stipendia oder Freytische geniessen, ihres beneficii

neficii sofort verlustig erklären werde: welcher zu eines jeden wahren Besten abzielenden allerhöchsten Willens-Meynung sämtliche Studiosi sich schlechterdings zu unterwerfen, und dem, was ein jeder bey der Immatriculation, vermittelst eines an Eydes Statt zu leistenden Handschlages, diesfalls anzugeloben gehalten ist, treulich nachzuleben haben.

VII.

Das häufige Besuchen der meist auswärtigen Dörfer, zumahl in ganzen Gesellschaften, ist mit dem *Consilio abeundi*, und, auf der Obrigkeit von höherem Orte befohlne Anzeige, mit dem Verluste der *beneficiorum* zu bestrafen.

Da vor guter Zeit verlauten wollen, als wenn verschiedene Studiosi die benachbarte, mehrentheils auswärtige Dörfer häufig, und endlich so gar in Form einer Gesellschaft besuchet, in liederlichen Orten ein höchstärgerliches Leben geführet, so gar ihre Gesundheit zugesetzet, wenigstens Geld und Zeit dabey höchstunverantwortlich verschwendet hätten, haben Ihro in Gott ruhende Königliche Majestät Georg der II. glorwürdigsten Andenkens bereits in einer den 3. Sept. 1751. erlassenen und gedruckten Verordnung Prorectori und Senatui gnädigst anbefohlen, auf diejenige, welche von täglichen Dorf- oder anderen Reisen gleichsam Profession machten, dazu wohl andere verführten, oder ihren Unterhalt daher sucheten, sorgfältig zu inquiriren, und sie als schädliche Glieder durch ein zu ertheilendes Consilium abeundi ohne Aufschub fortzuschaffen; die Landes-Kinder aber und Beneficiaten Königlicher geheimder Raths-Stube zu melden, damit wegen ihrer künftigen Beförderung, auch Privirung ihrer Beneficien, darauf reflexion genommen werden könne: wozu es der größte wohlgesittete Theil hoffentlich nie wird kommen lassen, die wenige schuldige aber der stracken Befolgung dieses nach der Zeit noch erneuerten Befehls sich gewiß zu versehen haben.

VIII.

für die Studierenden zu Göttingen.

VIII.

Uebermäſſiges und allzuhohes Spiel iſt, nebſt Annullirung der Schuld, mit willkührlicher Strafe; alle Hazard-Spiele aber, ohne Ausnahme, ſind, das erſtemahl mit einem *Carcer* von 14. Tagen, das anderemahl mit dergleichen von 4. Wochen, das drittemahl mit dem *Conſilio abeundi*, anzuſehen.

Alle erlaubte, und dem nie zu unterbrechendem Fleiſſe, als dem Hauptzwecke des Hierſeyns, nicht entgegenlaufende Ergötzlichkeiten, ſind natürlicher Weiſe auch den Studioſis, ſo einzeln als zuweilen mehreren in einer Geſellſchaft, vergönnet; jedoch das letztere ſo, daß es nicht anders als mit Vorwiſſen und Einwilligung des zeitigen Proreĉtoris, und unter derer, welche die Anſuchung thun, Angelöbniſſe, vor alle an ihrer Seite zu ſchulden kommende Unordnung einzuſtehen, geſchehen kann.

Da nun zuweilen auch in dem Spielen eine Ergötzung geſucht wird, dabey aber theils eine unanſtändige Begierde, mit anderer Schaden ſich zu bereichern, theils die nur allzu ungewiſſe Hofnung, dem erlittenen Verluſte wieder beyzukommen, zu dem öfteren verurſachet, daß die Schranken überſchritten werden: als iſt bereits den 12. Jenner 1750. eine Königliche Verordnung an die Univerſität ergangen und durch den Druck gemein gemacht worden, um auch dieſen viele in ihren Ruin ſtürzendem, und daher auch durch das ganze Land verbotenem Uebel nach Möglichkeit-entgegen zu gehen. Kraft deren, wenn jemand von Studioſis ſich unterſtehen würde, in Würfeln, Charten, oder ſonſten, Hazard-Spiele, es ſey um baares Geld, Wein, Caffé, um ein freyes Tractament, oder wie es ſonſt Namen haben möchte, zu unternehmen, ſoll derſelbe das Erſtemahl mit einer 14tägigen von aller Geſellſchaft ausgeſchloſſenen, das Zweytemahl mit 4wöchiger ebenmäſſiger Carcerſtrafe, das Drittemahl aber mit dem Conſilio abeundi unabbittlich beleget werden.

Annebſt wird das Spielen um ein beträchtliches Geld, wenn es gleich kein Hazard-Spiel ist, gleichergestalt ernstlich verboten; die contrahirte Schuld gänzlich annulliret, und dem academischen Magistrat aufgegeben, die Uebertreter mittelst willkührlicher Strafe davon abzuhalten. Endlich wird dem ermeldeten Magistratui anbefohlen, Leute, die zwar den Namen von Studiosis führen, aber weder Collegia, als etwa zum Scheine, besuchen, noch Exercitia und Sprachen excoliren, sondern ihre Hauptsache das Spiel seyn lassen, und davon Profeßion machen, zu entdecken, und sodann dieselbe, als Uhrheber alles Uebels und unnütze Glieder der Academie, mittels eines zu ertheilenden Consilii abeundi ohne Anstand fortzuschaffen. Wie nun die Obrigkeit sich nicht entbrechen kann, dieser zu wiederholeten mahlen eingeschärften Königl. Verordnung auf das genaueste nachzuleben, also ist der Studiosorum, die es mit sich selbst wohlmeynen, Obliegenheit, eines solchen Zeitvertreibes, in soweit derselbe strafbar und ihnen höchstschädlich ist, gänzlich müssig zu gehen.

IX.

Alle Injurien, und die darauf genommene Selbst-Rache, alle Thätlichkeiten, Rencontres und Duella sind in dem der Universität ertheilten Duell-Edicto bey schwehrer Strafe untersaget.

Es kann niemand, als denen, welche Gelehrte seyn und werden wollen, besser bekannt seyn, daß von allen Landesherren hauptsächlich um deswillen Obrigkeiten und Gerichte bestellet und angeordnet worden, damit unter deren Schutze jeder Unterthan ein stilles und geruhiges Leben führen könne, und, wenn dennoch einiger Streit oder Unwille sich erhebet, der Beleidigte wisse, wo und wie er seine wahre rechtliche Gnugthuung zu suchen habe; und wenn jemand diesen Weg nicht erwehlet, und sich selbst Recht zu schaffen vornimmt, derselbe dem von der höchsten Obrigkeit gesetzten Richter

in

in das ihm anvertraute Amt greiffe, und mit dem Beleidiger solchergestalt fast in gleiche Schuld und Strafe gerathe. Dessen ohngeachtet
lehret leider die traurige Erfahrung, daß sonderlich auch auf Universitäten die studierende Jugend aus einer unüberlegten Hitze zum
öfteren in Streitigkeiten und Beschimpfungen ausbricht: sodann
aber der beleidigte Theil bey der Academischen Obrigkeit die rechtliche
Hülfe nicht suchet, sondern dem sehr falschen Begriffe von dem sogenannten point d'honneur nachgehet, sich und andere in Leib- und
Lebens-Gefahr setzet, und zuweilen die hohe Schule sogar mit Blut-
schulden beschweret, vor denen jedoch der gnädige GOtt diese Georg-
Augustus-Universität bis hieher bewahret hat: als hat der Aller-
durchlauchtigste Stifter derselben gleich bey deren Anfange ein besonderes Duell-Edict den 18. Jul. 1735. vor dieselbe ausgehen lassen,
alle Verbal- und Real-Injurien den Studiosis darinne rechtlich
untersaget, alle Selbst-Rache und die daraus entspringende Rencontres und Duelle auf das schärfeste verboten, und nicht alleine
wider die Duellanten, sondern auch wider die Secundanten, Cartel-
Träger, oder mündliche Herausforderer, die Diener und Domestiquen, welche dabey wissentlich Handreichung oder andere Dienste
leisten, die Zuschauer, und die, welche einen Duellanten verbergen
oder verhelen, schwehre Strafe verordnet. Da nun einem jeden
Studioso bey der Immatriculation von diesem Königlichen Gesetze,
sammt dem den 15. May 1743. von der Universität auf hohen
Befehl publicirten Patente, ein Exemplar zugestellet wird, ist dabey
eines jeden Pflicht und Schuldigkeit, solche fleissig und mit Aufmerksamkeit zu lesen, alle darinne umständlich erzehlete Fälle und
die darauf gesetzte Strafen sich bekannt zu machen, und vor dem,
was darinne verboten und angedrohet worden, sich möglichsten Fleis-
ses zu hüten.

X.

Der *Studiosorum* Schuldigkeit ist, ihren Lehrern mit aller Liebe und Freundlichkeit zu begegnen, ihren Vermahnungen zu folgen, und mit willigem Abtrage der *Honorariorum* ihre Dankbarkeit zu bezeigen.

Unter den Personen, mit denen die Studiosi Umgang haben, sind ihnen ohnstreitig die allernähesten ihre Lehrer, welche sie in guten Künsten und Wissenschaften, auch in Sprachen und den bekannten anständigen Leibesübungen treulich unterweisen, denen sie deshalben alle Liebe, Höflichkeit und Freundschaft zu erzeigen, ihre väterliche Vermahnungen und Anweisungen zu dem fortzusetzenden Fleisse und andern Tugenden, mit schuldiger Achtung und Folgsamkeit erkennen, und den Abtrag der gewöhnlichen oder besonders versprochenen Honorariorum, die ohnedem mehrentheils den geringsten Theil ihres Aufwands ausmachen, ohne die Richterliche Hülfe zu erwarten, als welche auf beschehene Anzeige ohnverweilt erfolgen muß, dankbarlich zu bewerkstelligen, und den unauslöschlichen Schandfleck eines undankbaren Zuhörers zu vermeiden, schuldig und gehalten sind: dahingegen diejenige, welche an zeitlichen Gütern Mangel haben, zu allen ihren Lehrern sich das zu versehen haben, wenn sie sich deshalber gebührend melden, und ihr Unvermögen einigermassen bescheinigen, daß lehrbegierigen und fleissigen ingenüs der ohnentgeltliche Unterricht nie werde versaget werden.

XI.

Eben dieselbe sind gehalten, binnen 14. Tagen nach ihrer Ankunft sich immatriculiren zu lassen, und zu aller Zeit ihrer vorgesetzten Obrigkeit den schuldigen Respect und Gehorsam zu leisten.

Vorzüglich aber haben alle Studiosi, denen, vermöge des Privilegii Regii §. V. versu: Alle solche rc. zuförderst oblieget, längstens binnen 14. Tagen, bey Vermeidung des dupli, tripli oder
qua-

für die Studierenden zu Göttingen.

quadrupli der sonst leiblichen Immatriculations-Gebühren (nachdem das Tempus morae kurz oder lang ist) sich immatriculiren zu lassen, dem zeitigen Prorectori und dem ihm zugeordneten Concilio arctiori, als der von Gott und dem Könige ihnen vorgesetzten Obrigkeit, die behörige Ehrerbietung und den schuldigen Gehorsam zu erzeigen, dessen Befehlen und Anordnungen, Geboten und Verboten treulich nachzugehen, den Citationibus ohne Anstand und falschen Vorwand Folge zu leisten, die angelegte Personal- und Real-Arresta nicht zu brechen, und alles das sorgfältig zu beobachten, was ein jeder, der unter einer rechtmäßigen Obrigkeit stehet, dieser zu erweisen und zu thun, oder auch nicht zu thun, und zu unterlassen verbunden ist: Widrigenfalls diejenige, welche hierunter etwas wollten lassen zu Schulden kommen, einer unausbleiblichen, und, nach Beschaffenheit der Sache, auch scharfen Ahndung; insbesondere aber die, welche aus Trieb ihres bösen Gewissens und um der über dem Haupte schwebenden Untersuchung zu entgehen, sich auf flüchtigen Fuß setzen sollten, vorerst einer Citationis publicae, und auf ferneres ungehorsamliches Aussenbleiben einer Relegationis publicae, sich ohnfehlbar zu versehen haben.

XII.

Haben annebst in Ansehung der Königlichen Milice der diesfalls ergangenen allerhöchsten Verordnung in allen Stücken sich gemäß zu bezeigen; hingegen die, welche wegen begangener Excesse den Militair-Stand ergreifen möchten, bey derselben keine Aufnahme zu gewarten.

Hiernächst kann es nicht fehlen: es muß von Ihro Königl. Maj. in Dero Teutschen Landen zu unterhaltenden Kriegs-Macht jederzeit ein beträchtlicher Theil zur Garnison in diese Stadt eingeleget werden, mit der in keinen Unfriede und Streit zu gerathen, der ganzen Universität, insonderheit aber denen, welche auf derselben zu der militia togata sich geschickt machen wollen, aus handgreiflichen Ursachen nur allzuviel gelegen ist: Zu diesem Ende und um allen aus einer solchen Uneinigkeit entspringenden Unwesen vorzukommen, hat König Georg des II. Maj. glor- und ruhmwürdigsten Andenkens, in einer besondern den 17. Aug. 1738. ertheilten Verordnung, sich zuförderst allergnädigst dahin erkläret, daß Allerhöchstdieselbe denen zu dem in Dero besonderen gnädigsten Schutz genommenen Corpore Academico gehörigen Studiosis, an ihren Gerechtsamen und Vorzügen einigen Eintrag thun zu lassen, nicht gemeinet wären; dabey aber eben diesen auf das leutseligste vor Augen geleget, daß die Garnison und Wachten gewisse Orte und Plätze zu beobachten und zu verwahren, und ihre angewiesene functiones und departements hätten, worinne dieselbe so wenig, es sey von Studiosis oder anderen, gestöret oder beeinträchtiget werden müsten, als es der Garnison gut geheissen werden könnte, die Universität in ihren Gerechtsamen und Functionen zu stören; und in Gefolg dessen nun alles, was Niemanden, ohne Unterschied des Standes, von den Wachten gestattet wird, auch den Studiosis untersaget, und ihnen wörtlich befohlen: des Nachts von dem Walle und Stadtgraben zu bleiben, auf den Brustwehren nicht spatzieren zu gehen, keine unerlaubte Aufgänge auf den Wall zu nehmen, Schwärmer und Raqueten an den Festungs-Werken und Pulver-Thürmen nicht zu werfen, auf dem Walle nicht zu reiten, durch die Thorwachten und Schlagbäume nicht zu jagen, die Posten auf ihrem Stande nicht zu beengen, bey dem Exercieren und Paraden sich nicht unbescheiden zuzudrängen, und überhaupt zu den Posten sich nicht zuzunöthigen. Da nun dieses Allerhöchste Rescriptum in Druck ausgegangen und den Studiosis bey der Immatriculation mitgegeben wird, hat deren ein jeder diesen und anderen darinne angeführten triftigsten und auf der selbstredenden Billigkeit beruhenden Vorstellungen, gehorsamst nachzugehen, damit es der wider die Contravenienten darinne geordneten Strafen, carceris, oder auch relegationis, nicht bedürfe.

Wenn

für die Studierenden zu Göttingen.

Wenn dagegen Leute, welche von der Univerſität relegiret ſind, oder ein Conſilium abeundi bekommen, oder wegen gemachter Schulden, begangener Exceſſe, oder aus einiger andern Urſache, die Iurisdiction der Univerſität zu eludiren, Kriegs-Dienſte ſuchen möchten, iſt in dem Privilegio Regio §. IX. verſu: desgleichen wollen wir ꝛc. bereits verſehen, daß dergleichen Leute bey der Königlichen hieſigen Miliz nicht zu Soldaten gemacht, oder auch nur in Schutz genommen werden ſollen. Es ſoll vielmehr der jedesmalige Commendant keine der Univerſität Verwandte und Untergebene zu Krieges-Dienſten anwerben: wenn aber jemand derſelben ſolches ſelbſt ſuchete, zuförderſt bey der Univerſität nachfragen laſſen, ob bey deſſen Annehmung etwas zu erinnern ſey.

XIII.

Nicht weniger iſt derſelben Obliegenheit, gegen die vor ihren bequemen Aufenthalt mit ſorgende Stadt-Obrigkeit alle Achtung zu tragen; mit der Bürgerſchaft, und ſonderlich mit ihren Wirthen, freundlich und friedlich zu leben; und deren Zuſammenkünfte, und vornehmlich die angeſtellte Hochzeiten, zumahl ungeladen, auf keine Weiſe zu ſtören.

Nächſtdem iſt noch ein ander anſehnliches Corpus in der Stadt, ohne das der gröſſeſte Theil der Studioſorum, als die meiſt aus der Fremde hieher kommen, ſich nicht würde aufhalten können, die Bürgerſchaft und der ſolcher vorgeſetzte Magiſtrat. Wie nun unleugbar iſt, daß ein jeder Privatus aller Obrigkeit, auch der, deren Gerichtbarkeit er vor ſeine Perſon nicht unterworfen iſt, wegen ihres tragenden Amtes geziemende Ehrerbietung und billige Achtung ſchuldig iſt, als wird ein wohl- und rechtdenkender Studioſus ſich ſelbſt ſagen, daß er eben dies demjenigen Magiſtratui nicht verweigern könne, welcher durch Erhaltung guter Ordnung, und Beſorgung einer gemeinnützigen Policey, ihm allerhand Lebens-Annehmlichkeiten und Bequemquemlichkeiten, und, wenn er als Kläger sie angehen müste, ihm unpartheyische Justitz zu verschaffen, sich jederzeit willig und bereit wird finden lassen.

Und wie nun ferner die Studiosi von ihren Wirthen, deren Leuten und Domestiquen, ausser dem, was der Contractus Locationis Conductionis mit sich bringet, allerhand Freundschaft, Dienstleistung und Gefälligkeit nicht unbillig erwarten; also ist nicht minder bekannt, da der Grund davon ein guter Wille ist, daß solcher nicht durch unanständige Zurückhaltung des stipulirten Locarii, noch durch unbillige Zumuthungen, und noch weniger durch Pochen und Schelten, oder gar durch Brechung des Haus-Friedens, sondern durch eine pünctliche Erfüllung des gethanen Versprechens, durch eine rühmliche Gemüthsmässigung, und ein freundliches Betragen gegen jedermann, erlanget werden muß. Uebrigens gehen die Zusammenkünfte und Fröhlichkeiten der Bürgerschaft den Studiolum nichts an; Will er denen, welche öffentlich angestellet werden, als Zuschauer beywohnen, muß er sich dennoch dabey so bezeigen, daß keine Klage wider ihn entstehe, bey der er um so weniger sich wird entschuldigen können, als ihm vielmehr gebühret hätte des Ortes und der Personen sich ganz zu enthalten. Die Zusammenkünfte hingegen, welche nicht öffentlich geschehen, und also alle fremde, auch als Zuschauer ausschliessen, können von den Studiosis nach ihrer Willkühr nicht besuchet werden, und, weil dahin sonderlich die angestellte Hochzeiten gehören, ist keinem derselben vergönnet, unter was Namen und Vorwande solches auch seyn möchte, bey denselben sich einzufinden, wenn er nicht ausdrücklich dazu eingeladen worden, ob er gleich sonst mit den Hochzeitern oder deren Gästen einige Bekanntschaft haben sollte: vielweniger ist einem solchen ungebetenen Gaste zu verstatten, daß er jemand der Eingeladenen, männ- oder weiblichen Geschlechtes, verhöhne, zu dem Tanze sich eindringe, Getränke oder etwas anders begehre, Unruhe anrichte, oder sonst auf einige Art und Weise die in ihrer Fröhlichkeit begriffene Personen irre oder belästige.

für die Studierenden zu Göttingen.

beläſtige. Sollten ſich dennoch einige dergeſtalt vergehen, haben dergleichen Störer vor ſolchen an einer ganzen Geſellſchaft verübten Unfug eine gewiſſe, und, nach der Sache Befinden, ſcharfe Beſtrafung zu gewarten.

XIV.

Ein jeder *Studioſus* ſoll ſich nach ſeinem Stande und Vermögen einer guten Oeconomie befleiſſigen, und vor Schulden und den daher entſtehenden Klagen ſich büten, auch des Credit-Edicts, bey dem es übrigens ſein Bewenden hat, nicht mißbrauchen.

So viel den zu dem academiſchen Leben erforderlichen Aufwand betrift, ſollte billig jederman von ſelbſt beherzigen, daß es wider alle öconomiſche Klugheit laufe, wenn jemand mehr verzehret, als er einzunehmen hat, und daß daher ein guter Haushalter in der Ausgabe nothwendiger Weiſe nach dem, was er vermag, oder ihm von ſeinen Eltern und andern Vorgeſetzten zu ſeinem Unterhalte beſtimmet iſt, ſich genau richten, und, wie man ſagt, nach ſeiner Decke ſich ſtrecken müſſe. Da aber junge Gemüther dies nicht allemahl in Obacht nehmen, und, theils aus einer unbezähmten Neigung zu allerhand Arten der Wolluſt, theils aus einer unordentlichen Begierde, anderen, die von ungleich gröſſeren Mitteln ſind, es gleich, oder wohl gar vorzuthun, theils aus einer unbedachtſamen, und oft fehlſchlagenden Hofnung, daß an dem Ende ihres academiſchen Lebens ſich alles auf einmahl finden und geben werde, die ihnen geſetzte Schranken überſchreiten, und, ehe ſie ſich deſſen verſehen, in groſſe und zuweilen recht übermäſſige Schulden gerathen; und dabey es an Leuten nicht gebricht, welche einem ſolchen Studioſo mit den Inſtrumentis luxuriae willig und reichlich an die Hand gehen, oder auch baares Geld ihm zu ſeiner Verſchwendung vorſtrecken, unerlaubten Wucher auf mancherley Art dabey treiben, das Beſte und gereiteſte ſeiner Meublen zu Pfande nehmen, und daran mit ſeinem groſſen

Schaden

Schaden sich zu erholen suchen: ist alle dem Uebel zu steuren bereits den 14. Jul. 1735. ein besonder Credit-Edict, und den 24. März 1746. eine neue Declaration solcher Verordnung ausgegangen, dabey es denn sein Verbleiben hat.

Es werden aber dessen ohngeachtet sämmtliche Studiosi alles Ernstes vermahnet: vorerst, daß sie ihren Haushalt mit möglichster Vorsicht dergestalt einrichten und führen, damit es der Provocation auf das Credit-Edict, und dessen Declaration, als eines miserabilis adiutorii et flebilis auxilii, nicht bedürfe; und hiernächst, wenn der Fall des Gesetzes zwar vorhanden ist, der Gläubiger aber ohne Betrug und Wucher gehandelt, und aus Gutwilligkeit sich in die Gefahr gesetzet, das Seine, das der Schuldener doch würklich empfangen und genossen hat, ganz oder zum Theile zu verliehren, daß der Debitor, wenn es seine Umstände einigermassen verstatten, mit seinem Creditore ausser Gerichts sich setze, nicht aber, etwa aus Rache und einig und allein um den, der ihm geborget, zu kränken, auf das Edict sich berufe, anerwogen, wenn gleich der Gläubiger die Schuld, daß er den Buchstaben des Gesetzes überschritten, in foro soli tragen muß, dennoch in dem obgesetzten Falle der Schuldener in foro poli et conscientiae wird Rechenschaft zu geben haben, des übeln Nachklanges, den derselbe bey denen, welche er muthwilliger Weise verkürzet, hinter sich lässet, nicht zu gedenken.

XV.

Alles Schiessen, wodurch die öffentliche Ruhe und Sicherheit gestöret wird, besonders in der Neujahrs-Zeit, wie auch aus eben der Ursache das halten grosser und schädlicher Hunde, ist gänzlich verboten.

Vor alle, welche an einem Orte bey, mit, und untereinander leben müssen, ist ohnstreitig das edelste Kleinod die öffentliche Sicherheit, zu deren Handhabung ein jeder, wes Standes er sey, vermöge

möge des von der Natur eingepflanzten Triebes seiner Selbst-Erhaltung mit beytreten muß: mithin schon nach dem natürlichen Gesetze alles, was ermeldete Sicherheit auf einige Weise stören und aufheben kann, vor strafbar zu achten ist. Da aber zuweilen das, was solcher Sicherheit und öffentlichen Ruhe würklich entgegen ist, vor eine willkührliche Ergötzung angesehen werden will, als sind die Studiosi hiemit ausdrücklich zu bedeuten, alles Schiessens mit Kugeln oder Schrot auf den Stuben, in Häusern, in Gärten, und also überall, sich zu enthalten, oder einer gewissen und, nach Befinden, nachdrücklichen Bestrafung zu gewärtigen.

Insonderheit aber ist zu der Neujahrs-Zeit alles Schiessen, das Legen der Canonen-Schläge, das Werfen der Raqueten, und mit einem Worte alles, was Schrecken und Schaden verursachen kann, schlechterdings verboten: als welches nur jüngsthin in einem deshalber an die Universität ergangenem Strafbefehle vor eine in dem ganzen Lande verbotene, thörichte, und zu vielem Unheile und Gefahr Anlaß gebende Gewohnheit erkläret, und der academischen Obrigkeit gegen die Verbrecher mit allem Ernste zu verfahren aufgegeben worden, die hierunter ihr Amt zu thun nicht unterlassen wird.

Eben so ist der öffentlichen Sicherheit zuwider, wenn jemand sich wollte beygehen lassen, Bullenbeisser, oder grosse Hunde anderer Art, welche entweder an sich böse und beissig, oder doch so groß sind, daß sie bloß durch ihre Grösse Schrecken erwecken können, zu halten oder mit sich zu führen: auf welchen Fall derselbe, nach Anleitung eines bereits im Jahre 1737. auch an die Universität ergangenen Rescripti, gewärtig seyn muß, daß der Nachrichter auf vorhergehende Anordnung der Obrigkeit, seinen Hund fange oder tödte: des etwa würklich schon zugefügten Schadens nicht zu gedenken, der, nach Vorschrift der gemeinen Rechte, des Hundes Herrn empfindlich genug fallen kann.

C 2 XVI.

20 Academische Gesetze

XVI.

Wer den Abend ausserhalb Hauses zubringen will, soll nach 10. Uhr in sein Logis sich verfügen, und ist nicht befugt, wenn er sich an öffentlichen Orten befindet, nach solcher Zeit weiter einiges Getränke zu fordern, oder ein sonst erlaubtes Spiel fortzusetzen.

Die Nacht ist von Gott und der Natur der allgemeinen Ruhe gewidmet, mittelst der die durch Arbeit und Fleiß des vorigen Tages erschöpfte Kräfte zu Behuf der den folgenden Morgen von neuem anzutretenden Verrichtungen, wieder ersetzet und hergestellet werden, und daher schon eine natürliche Unbilligkeit ist, wenn diejenige, welche deren von nöthen haben und geniessen, an solcher zur Ungebühr gestöret werden. Um so mehr haben auch die Studiosi, wenn sie den Abend nicht auf ihren Zimmern, sondern bey einem Freunde, oder auch auf den Schenken und Billards in erlaubter Ergötzlichkeit zubringen wollen, dennoch zur rechten Zeit und in aller Stille sich nach Hause zu verfügen; allermassen ihnen nicht vergönnet ist, an öffentlichen Orten nach 10. Uhr Wein, Thée, Caffé, Bier, Liqueurs oder ander Getränke zu fordern, oder auch ein sonst erlaubtes Spiel über ersterwehnte Zeit fortzusetzen, noch weniger also von den Wirthen oder ihren Leuten, wenn sie nach ihren obhabenden Pflichten das Begehrte verweigern, solches durch Schimpf- oder Droh-Worte, oder auf andere noch unziemlichere Art zu erpressen; vielmehr bey den von Zeit zu Zeit anzustellenden Visitationibus, die Patrouille, wenn sie nach 10. Uhr Studiosos auf den Wein- Caffe- und Billards-Häusern antrift, die Macht hat, die anwesende Gäste zu bedeuten, daß es Zeit sey sich nach Hause zu begeben, auch derselben Pflicht ist, wenn die Studiosi solchen Geheiß nicht befolgen, davon behörige Anzeige zu thun, damit die Ungehorsame zur Verantwortung können gezogen werden.

XVII.

XVII.

Alles unstrittige Wesen, das die gemeine Ruhe, sonderlich bey Nachtszeit unterbricht, ist schlechterdings verboten; welche bey den Unruhigen nur stehen bleiben, oder sie gar begleiten, strafsällig.

Um nun die Nachtruhe desto gewisser zu erhalten, wird hiemit auf das ernstlichste an allen Orten und zu allen Zeiten, alles Schreyen, Geblöcke, Klatschen, die Anstimmung schändlicher, schmähsüchtiger und aufrührischer Lieder, das Maskirtgehen (dergleichen verkleidete Leute, wenn sie gleich keinen Lärmen erregen, von der Patrouille sogleich ad carceres zu bringen, um von ihrem ungewöhnlichen Beginnen Red und Antwort zu fordern), ferner das Gehen mit brennenden Fackeln (wegen der hin und wieder zu besorgenden Feuers-Gefahr), das Gehen mit blossen Degen, das Wetzen, das Vivat-Pereat-und Lichtweg-Rufen, das Fenster-Einwerfen, und alle dergleichen unfertige und der Ruhe und Sicherheit widrige Händel und Begünstigungen, bey Vermeidung unausbleiblicher Geld-Gefängniß- oder auch Relegations-Strafe verboten, und untersaget: dergleichen Ahndung auch diejenige zu gewarten haben, welche zwar zu den Unruhigen nicht gehören, und auf die Art, wie von diesen geschicht, sich nicht vergehen, aber doch bey denselben stehen bleiben, oder sie auf der Strasse begleiten, und also den durch solchen Unfug gemeiniglich entstehenden Auflauf unbedachtsamer Weise vermehren.

XVIII.

Die Beschädigung der Nacht-Laternen, und der in der *Allée* gepflanzten Lindenbäume wird scharf verboten.

Da auch bey einem solchen nächtlichen Unwesen sich am leichtesten zutragen kann, daß jemand sich an den in der Stadt zu sonderbarer Zierde und Bequemlichkeit gesetzten und hoffentlich wieder herzustellenden Laternen vergreife, als sind die Studiosi auch deshalber zu verwarnen,

22 Academ. Gesetze für die Studierenden zu Göttingen.

warnen, daß sie die Leuchten nicht einwerfen noch zerstoßen, die Pfähle nicht behauen, ausheben, oder auf einige andere Art beschädigen, auch die Leute, die deren warten, nicht behindern noch insultiren, massen sonst wider einen solchen Thäter, nach Maßgebung des Königl. Rescripti de A. 1735. nebst Ersetzung alles Schadens, mit vierwöchentlichem carcere, oder einer nachdrücklichen Geldstrafe, und auf den Fall der Reiteration mit Verdoppelung der Strafe, und Hinzufügung der Relegation verfahren werden müste.

Und da es mit den in der Allée wieder anzupflanzenden Linden eine gleiche Bewandniß hat, maßen auch diese dem Publico zum Besten gezeuget und unterhalten werden, und daher eines vorzüglichen Schutzes bedürfen, ist leichte zu ermessen, daß derjenige, der an solchen Bäumen sich vergreifen, und sie verletzen sollte, einer gleichen Ahndung sich zu versehen habe.

* * *

Wie nun der academischen Obrigkeit nichts erwünschteres begegnen könnte, als wenn alle und jede Studiosi so, wie doch jederzeit von den meisten geschiehet, alle diese Gesetze durch eine untadelhafte Aufführung gleichsam frucht- und kraftlos machen wollten: als haben an der andern Seite von eben der Obrigkeit diejenige, welche wider diese gesetzliche Schranken anstoßen dürften, sich gewiß zu versprechen, daß sie Recht und Gerechtigkeit handhaben, und, so unangenehm auch eine solche Beschäftigung an sich ist, ihren obhabenden theuren Pflichten getreulich nachgehen werde.

Münchhausen. **Diede.** **Busch.**

I. Bey-

I. Beylage ad cap. 1.

Königl. und Churfürstl. erneuerte Verordnung, daß keine Ordens-Gesellschaften unter denen Studiosis zu Göttingen zu dulden, vom 9. Dec. 1762.

Georg der Dritte von Gottes Gnaden König von Großbritannien, ec. ec. Demnach Unsers in Gott ruhenden Groß-Herrn Vaters, und Vorfahrers an der Regierung, Georg des Andern Königl. Majestät, bey Gelegenheit des damahls eingerissenen Mops-Ordens, bereits unter dem 8ten Februarii 1748. ein öffentliches Edict gegen diese und alle übrigen Ordens-Gesellschaften publiciren, und solche, in Betracht der daraus entspringenden unverantwortlichen Geld- und Zeitverspitterungen, Händel, Debauchen und anderer bösen Folgen, womit der Schade und Nachtheil, so wohl für Unsere Universität, als für die sogenannte Ordens-Glieder unläugbar verknüpfet ist, bey nahmhafter Strafe verbieten lassen: Diesem unerachtet aber sich allerley Arten von sogenannten Ordens einschleichen, und von anderen Universitäten mitgebracht seyn sollen: So wird hiemit obangezogenes Edict dergestalt erneuert, daß, wer hinführo dergleichen Ordens-Zeichen tragen, und denen Conventiculis beywohnen, oder gar als einen Ordens-Meister, Beysitzer oder Anwerber sich bezeigen wird, mit der Relegation unabbittlich bestrafet werden soll; Die Landes-Kinder und Beneficiati aber sind Unserer Geheimen-Raths-Stube nahmhaft zu machen, welche bey ihrem künftigen Beförderungs-Gesuche darauf Rücksicht nehmen, und diejenige, welche Stipendia oder Freytische geniessen, dieses Beneficii sofort verlustig erklären wird. Nicht weniger sollen die Haus-Wirthe, welche dergleichen Ordens-Conventicula in ihren Häusern dulden, und es dem zeitigen Prorectori nicht sofort anzeigen, in eine Geld-Busse von 100. Rthlr. welche bey Unvermögsamen in eine Leibes-Strafe zu verwandeln ist, verfallen seyn. Wir geben demnach euch, einem jedesmahligen Prorectori, in Gnaden zuverläßig hierdurch auf, alle Mühe anzuwenden, um einige Ordens-Glieder zu entdecken, durch die Entdeckte die übrigen euch mittelst Eydes nahmhaft machen

chen lassen, und sie samt und sonders, sowohl zu Herausgebung ihrer Ordens-Zeichen, als zu einem endlichen Versprechen anhalten, währender Zeit ihres dortigen Aufenthaltes, an keinen Orden, er habe Nahmen wie er wolle, Theil zu nehmen. Gestalten dann ferner bey Immatriculirung der ankommenden Studiosorum, von einem jeden, vermittelst eines an Eydesstatt zu leistenden Handschlages anzugeloben ist, sich auf Unserer Universität in keinerley Ordens-Gesellschaft einzulassen. Uebrigens ist gegenwärtige Verordnung durch den Druck zu jedermanns Nachachtung bekannt zu machen und gehörigen Orts anzuschlagen. Hannover den 9. Dec. 1762.

(L. S.)   Ad Mandatum Regis et Electoris,

von Münchhausen.

Balck.

II. Beylage ad cap. VII.

Verordnung, die Einschränkung der Dorf- und anderer Excursionen betreffend, vom 3. Sept. 1751.

Georg der Andere v. G. G. König von Großbritannien, ꝛc. ꝛc. Nachdem Wir mit besonderem Misfallen vernommen, wasgestalt die benachbarte, mehrentheils auswärtige Dörfer, von verschiedenen Studiosis, nicht nur so häufig besuchet werden, daß ihre Studia nothwendig darüber leiden müssen, sondern auch an besagten benachbarten Orten, in liederlichen Häusern, ein höchstärgerliches Leben geführet, die Gesundheit dabey zugesetzet, und Geld und Zeit höchstunverantwortlich angewendet wird: So können Wir aus landesväterlicher Sorgfalt, zumahl da Unsere Universität zu Göttingen dadurch in üble Nachrede gesetzet, und derselben, durch dergleichen unnütze Verschwendungen, der Ruf der Theurung unverschuldeter Weise zugezogen wird, insoderst nicht umhin, alle und jede, welchen ihr Gewissen und guter Nahme lieb ist, und die etwas rechtschaffenes zu ihrem und des Vaterlandes Besten zu lernen gedenken, für dergleichen unanständige und schädliche Dorffahrten wohlmeinentlich zu warnen, in dem gewissen Vertrauen, daß wohlgesinnete und vernünftige Leute den unwiederbringlichen Verlust der kurzen academischen Zeit und ihre eigene davon abhangende künftige

Wohl-

III. Beylage ad cap. VIII.

...lfahrt zu Herzen nehmen, und sich derselben als einer Quelle vielen Un-
von selbst enthalten werden. Dahingegen befehlen Wir Unserm Pro-
tori, Cancellario und übrigen Senatui Academico hiermit gnädigst und
tIdfig, auf diejenige Studiosos, welche alle wohlgemeinte Ermahnungen,
n Unsere Professores es nicht ermangeln lassen werden, in den Wind
gen, von täglichen Dorf- und andern Reisen gleichsam Profeßion ma-
, oder wohl andere darzu verführen, oder ihren Unterhalt daher suchen,
sältig zu inquiriren, und woferne sie nicht sofort davon ablassen, sie als
ölische Glieder, durch ein zu ertheilendes Consilium abeundi, ohne Auf-
b fortzuschaffen. Nichtsweniger hat Unser Academischer Magistrat auf
Landes-Kinder und Beneficiaten dießfals genaue Acht zu haben, und die-
je, welche, anstatt ihre Zeit, der Absicht gemäß, wohl anzulegen, solche
den Obsern verbringen, und die erhaltene Beneficia misbrauchen, nah-
tlich an Unsere Geheime Raths-Stube zu melden, damit wegen ihrer
ftigen Beförderung, auch Privirung ihrer Beneficien, darauf reflexion
ommen werden könne. Uhrkundlich Unsers hierunter gedruckten Geheb-
Canzley-Siegels. Geben Hannover den 3ten Sept. 1751.

(L. S.)   Ad Mandatum Regis et Electoris.

Münchhausen.

III. Beylage ad cap. VIII.

**Verordnung wider die Hazard- und andere hohe Spiele,
vom 12. Jan. 1750.**

Wir Georg der Andere v. G. G. König von Großbritannien ꝛc. Fügen
hiermit zu wissen: Nachdem Wir zu Unserm besondern Mißfallen in
fahrung gebracht haben, wasmaßen auf Unserer Universität zu Göttin-
, ungeachtet des von dem academischen Magistrat gegen die Hazard-
siele unterm 16. May a. pr. verfügten öffentlichen Anschlages und Ver-
rnung, solche dennoch nicht nur heimlich wiederum getrieben, sondern
h bey anderen Arten von Spiel, sonderlich im Billard, so hohes Geld aufge-
et, oder von den Umstehenden pariret werde, daß mancher den durch aller-
Ränke erlittenen Verlust, wo nicht Zeitlebens zu bereuen, dennoch die-
stens die unangenehme und nachtheilige Folgen davon, so lange er auf Uni-
D   versitäten

26   III. Beylage ad cap. VIII.

verstädten bleibet, zu empfinden hat; Und Wir dann solchem zum Verderb der Studirenden und zur Bekümmerniß der Eltern und Angehörigen, und vornehmlich zum Nachtheil und üblen Gerücht Unserer Universität gereichenden Unwesen auf keine Weise länger nachzusehen gemeinet sind: So wird nicht nur obangezogene Verfügung Unsers academischen Magistrats hiermit bestätiget, sondern auch zu mehrerer Bezeugung Unsers ernstlichen Willens hiermit wiederholet, daß wer von Studiosis (maßen wegen anderer Personen es bey unserm landesherrlichen Edict vom 1/18ten Decembris 1732. sein Verbleiben hat) sich unterstehen wird, in Würfeln, Charten oder sonsten, Hazard-Spiele, es sey um baares Geld, Wein, Caffé, um ein freyes Tractament, oder wie es sonst Nahmen haben mag, zu unternehmen, das 1stemahl mit einer von aller Geselschaft ausgeschlossenen vierzehntägigen, das 2temahl mit vierwöchiger ebenmäßiger Carcer-Strafe, das 3temahl aber mit dem Consilio abeundi, unabbittlich beleget werden sollen. Gleichergestalt wird das Spielen um beträchtliches Geld, wenn es gleich kein Hazard-Spiel ist, ernstlich verboten, die dadurch contrahirte Schuld gänzlich annulliret, und dem academischen Magistrat aufgegeben, darauf fleißig Acht zu haben, und die Uebertreter mittelst willkührlicher Strafe davon abzuhalten. Da sich auch auf dortiger Universität Leute aufhalten sollen, welche zwar den Nahmen von Studiosis führen, aber weder Collegia, als etwa zum Schein, besuchen, noch Exercitia und Sprachen excoliren, sondern ihre Hauptsache das Spiel seyn lassen und davon Profession machen, solche Leute aber als die Urheber alles Uebels, und unnüze Glieder unserer Academie, mit Fug anzusehen sind; So hat unser academischer Magistrat sich alle Mühe zu geben, dieselbe zu entdecken, und, mittelst eines zu ertheilenden Consilii abeundi, ohne Anstand fortzuschaffen. Im übrigen wird dasjenige, was in Ansehung der Gastwirthe, Wein-Caffé-Schenken, auch Krüger, nichtweniger wegen der Marqueurs, worunter auch die Küper und Hausknechte zu rechnen sind, in dem mehrerwehnten öffentlichen Anschlage von Universitäts wegen verfüget worden, als ob es dieselbst wörtlich inseriret wäre, hiedurch wiederholet und bestätiget, und selbigen hiermit samt und sonders anbefohlen, nicht nur die vorgegangene und zu ihrer Wissenschaft gekommene Hazard-Spiele, sondern überhaupt alle hohe Spiele, so vorgenommen werden mögten, bey der in solchem Anschlage angedroheten respective Geld- und Gefängniß-Strafen, ohngesäumet anzuzeigen. Wir befehlen demnach unserm academischen Magistrat, nichtweniger unserer Stadt-Obrigkeit, insofern es dieser zukommt, über verstehendes landes-herrliche Edict

IV. Beylage ad cap. IX.

Item Ernst zu halten. Zu Urkund dessen ist solches gewöhnlichermaßen
:schrieben, und mit unserm Geheimten Canzley-Siegel bedrucket, so ge-
en Hannover den 12ten Januarii 1750.
(L. S.)   Ad Mandatum Regis et Electoris.
                                        von Münchhausen.

IV. Beylage ad cap. IX.
Königliches Duell-Edict für die Universität Göttingen,
vom 18. Jul. 1735.

Wir Georg der Andere, v. G. G. König von Großbritannien, rc.
Fügen hiemit zu wissen: Demnach Wir bey Unserer Universität zu
:tingen zulängliche Verfügung gemachet, auch ferner zu machen bedacht
, daß die allda studirende Jugend in allen Theilen und Arten der Wissen-
sten, auch in anständigen Leibes-Exercitien, wohl unterwiesen zu werden
ueme Gelegenheit beständig antreffen mögen, und dann dieses zwar der
uptzweck aller Universitäten, dieselben aber in Aufnahme zu bringen al-
e nicht genug ist, sondern annebst erfordert wird, nicht minder dafür zu
sen, daß bey und unter denen Studiosis eine ihnen nicht allein allda, son-
n auch hernach in ihrem ganzen Leben, zu statten kommende Sittsamkeit
 gute Lebensart eingeführet, und erhalten, mithin dem auf Universitäten
st ungewöhnlichen Nachtschwärmen, und dem daher entstehenden, oft
 Mord und Totschlag hinauslaufenden, gemeiniglich von der Völle-
herrührenden Veruuwilligungen, gleich Anfangs durch heilsame Verord-
ngen, und scharfe Poenal-Gesetze, vorgebauet werde, damit Unsere Uni-
sität dieosfalls in keinen üblen Ruf gerathen, und niemand seine Kinder,
legbefohlene, oder Verwandte, dahin zu schicken, aus der Beysorge, ein
gründetes Bedenken haben möge, daß sie leicht zum Bösen verführet, und
i ihre Gesundheit, ja gar um Leib und Leben, gebracht werden könten;
o hat uns solches bewogen, kraft Unserer Landesherrlichen Macht und Ge-
alt, nachfolgende Sanction und Constitution wohlbedächtlich zu promulgi-
n, damit ein jeder, dem daran gelegen ist, wisse, daß die Studiosi zu Göt-
igen gegen alle Verwahrlosungen ihrer zeitlichen und ewigen Wohlfahrt
ohl gesichert und geschützet seyn, und ihrem Angehörigen keine gegründete

D 2   Ursa-

IV. Beylage ad cap. IX.

Ursachen daran zu zweifeln, und sich darüber zu beunruhigen, übrig bleibe.

Art. I. Wir wollen nun zwar zufördest hoffen, daß diejenige, welche mit guter Erziehung auf besagte Universität kommen, und von ihrer Kindheit an sittlich und geschicklich zu leben gelernet, oder von Natur dazu geneigt sind, sich vor allem demjenigen, woraus Streit und Händel entstehen können, sorgfältig hüten, niemand neben sich verachten, grob tractiren, oder sonst beleidigen, auch alles unartigen Familiaritätens, und satyrischen Scherzens, von selbsten sich enthalten werden.

Zum Zwang und Zähmung derer aber, die übel erzogen und geartet seyn, keine Vorstellungen, Vermahnungen, und Aufführungen zum Guten, achten, sondern auf verkehrten Wegen wandeln, und ein wüstes und wildes Leben führen und lieben, wollen Wir nach aller Strenge auf die in nachfolgenden Articulis specificirte Weise verfahren wissen; Declariren auch hiermit, daß Wir bey Emplement und Beförderung unserer Landeskinder zu geistlichen und weltlichen Bedienungen genaue Erkundigung, ob sie eines auf Universitäten geführten unsträflichen Wandels beglaubten Beweis aufzuzeigen haben, einziehen lassen, und ihnen sodann vor denen, welchen es daran fehlet, allezeit den Vorzug geben wollen.

Art. II. Alles Nachtschwärmen, Herumlaufen, Schreyen, und Werken in die Stelle mit Degen, wird denen Studiosis zu Göttingen hiemit aufs allerschärfste verboten. Wenn aber jemand von ihnen aus erlaubten Ursachen des Nachts aufserhalb Hauses zu verrichten hat, soll er in aller Stille über die Gassen, und nach Hause gehen. Wer dagegen handelt, soll von der Nachtwache verfolget, und eingezogen, und wenn schon keine Händel, oder Schlägereyen, dabey vorgegangen, so sollen dennoch diejenige, die geschrien, nebst Erlegung des der Nachtwache gebührenden Fanggeldes, mit Einem Thaler; diejenige aber, die zugleich gewetzet, mit Drey Thalern bestrafet, und diese Strafe, wenn das Delictum wiederholet wird, verdoppelt werden. Bey denen aber, die solche Mulctam nicht bezahlen können, oder wollen, soll dieselbe in eine proportionirte Gefängnißstrafe verwandelt werden. Auf die Contravenienten dieses Verbots, wenn sie in flagranti nicht ergriffen worden, insonderheit auch auf diejenigen, die bey Wahrnehmung Lichts in den Häusern, oder ihnen begegnender brennenden Laternen, rufen, daß sie wegzuthun, oder auszulöschen seyn, auch auf die, welche Fenster einzuwerfen, Hausthüren zu forciren, oder sonst die nächtliche Ruhe und publique

Duell-Edict vom 18. Jul. 1735.

Sicherheit zu stöhren, sich unterstehen, soll der Magistratus Academicus ex officio aufs fleißigste inquiriren, sie zu vollkömmlicher Erstattung des verursachten Schadens anhalten, und daneben mit exemplarischer Strafe belegen, auch des Fenster-Einwerfens halber, und wegen gebrauchter Gewalt, nach Befinden sie publicè relegiren.

Art. III. Damit auch niemand, der einen Excess verübet, mit der Trunkenheit sich entschuldigen möge; So declariren und verordnen Wir hiemit, daß, wenn jemand in Trunkenheit, dieselbe sey so groß, als sie wolle, etwas criminelles, oder sonst strafbares begehet, solches denselben von der ordentlichen Strafe keinesweges frey machen, sondern er damit nicht anders, als wenn er nicht betrunken gewesen wäre, ohne alles Ansehen der Person, beleget werden solle; es möchte denn etwan seyn, daß der Thäter beglaubtes Zeugniß, daß er vorhin ein nüchternes und friedfertiges Leben geführet, und für dasmal nur zufälliger und ausserordentlicher Weise zur Ueberladung mit dem Trunk gekommen, beybringen könte, welchenfalls, nach Bewandniß der Umstände, auf daßjenige, was die Criminal-Rechte in gewisser Maasse denen betrunkenen Delinquenten zu gute statuiren, billigmäßige und rechtliche Reflexion genommen werden soll.

Art. IV. Es wird hiemit unter der hier nachfolgender maassen specificirten Strafe ernstlich und gänzlich verboten, jemanden durch Gebärden, Worte oder Werke, in schmeitren, und zu beleidigen. Wenn aber ein Studiosus, oder anderer Universitäts-Verwandter zu Göttingen, auf einige Weise mit Worten und Werken beleidiget wird, oder sich für beleidiget hält; so hat er solches, mit Beyseitsetzung aller Selbst-Rache, dem dortigen Senatui Academico zu denunciiren, von dem ihm sodann unverweilete und zureichige Satisfaction verschaffet werden soll. Welche Richterliche öffentliche Satisfaction viel honorabler, sicherer und solider, für die Beleidigte ist, und wodurch ihr vermeynter point d'honneur viel besser salviret wird, als durch alle selbst übende, in göttlichen und weltlichen Gesetzen höchststrafbare, Privat-Rache, die nicht genommen werden kan, ohne in gleiche Gefahr von Leib und Leben, Seele und Seligkeit, mit seinem Widersacher sich zu setzen.

Art. V. Wir seyn jedoch nicht gemeynet, in denen Fällen, da jemand unversehens mit groben Real-Injurien, oder gar mit mörderlichem Gewehr, angegriffen wird, demselben daßjenige abzusprechen, oder zu verwehren, was die Göttliche, Natürliche und Civil-Rechte, zu Rett- und Vertheidigung Leibes und Lebens, denen mördlich Angegriffenen erlauben und zulassen, son-

IV. Beylage ad cap. IX.

dern in dergleichen Fällen ist es nach denen Principiis und Satzungen der gemeinen Rechte hierunter zu halten, wenn nur der solchergestalt Angegriffene in denen in Rechten determinirten Schranken einer inculpatae tutelae bleibet, und dieselbe nicht überschreitet.

Art. VI. Der Magistratus Academicus zu Göttingen soll, sobald jemand bey ihm über empfangene Injurien sich beklaget, die Sache gehörig cognosciren, oder auch, wenn ihm sonst von jemandes Injuriirung etwas kund wird, ex officio darauf scharf inquiriren, jedoch in beyden Fällen ohne unnöthige Weitläuftigkeit und Umschweif verfahren, und nur dahin vornemlich sehen, daß das Factum klar gemachet, dem Injuriirten genugsame Satisfaction gegeben, und die That Rechts und Ordnungmäßig bestrafet werde.

Wenn der Injuriirte ein Civis Academicus ist, der Injuriant aber nicht, so hat der Magistratus Academicus, mittelst Requirirung der ordentlichen Obrigkeit des Beleidigers, auch, allenbenöthigten Falls, mittelst Implorirung des mit allem Nachdruck zu leistenden Beytritts Geheimten-Raths-Collegii, und auf alle andere convenable Art und Weise, dafür Sorge zu tragen, daß der Injuriant nicht frey ausgehen, sondern dem Injuriirten gebührende schleunige Satisfaction wiederfahren, auch der Injuriant nach Verdienst bestrafet werden möge.

Der Magistratus Academicus soll auch mit aller möglichen Wachsamkeit sich befleißigen, die zwischen Studenten vorfallenden Irrungen, ehe sie zu gefährlichen Thathandlungen ausbrechen, zu erfahren, und alsdann durch dienfames Zureden, und alle bequeme Mittel und Wege, dahin sehen, daß die Sachen in der Güte beygeleget, und alle daher zu besorgende böse und unglückliche Wirkungen und Folgen abgelehnet werden mögen.

Art. VII. Wenn Pasquille affigiret gefunden werden, oder sonst zum Vorschein kommen, sollen solche durch des Nachrichters Knecht öffentlich verbrannt, auf den Urheber ex officio inquiriret, und derselbe nach Wichtigkeit des dem andern zugefügten Schimpfs mit drey- oder viermonatlicher Gefängniß, auch wohl mit ein- oder zweymonatlichen Westungsbau, oder Zuchthause, bestrafet; andere schriftliche Verglimpfungen aber, die die Form und Requisita eines Pasquils nicht haben, wie auch bloße Ehrenrührige Worte oder Gebärden, nach Befinden ihrer Beschaffenheit, Enormität und Umstände, mit 14tägigem, 4, 6, mehr wöchigem Gefängniß dergestalt geahndet werden, daß der Beleidigte zugleich durch eine Ehren-Erklärung,

oder

Duell-Edict vom 18. Jul. 1735.

er Abbitte und Widerruf des Beleidigers in öffentlichem Gerichte, zu seiner
Uigmäßigen Satisfaction gelange.

Art. VIII. Wenn jemand einem andern mit der Hand, oder mit einem
tocke, einer Peitsche, oder andern Instrument, drohet, und ihm Maul-
ellen, Schläge, oder Streiche, anbietet, ohne daß es jedoch zu deren Er-
eilung würcklich komme, so soll ein solcher Beleidiger, nebst einer dem Be-
digten zu thuenden Gerichtlichen Abbitte, mit 3monatlicher Gefängniß-
afe beleget werden.

Wenn es aber zu würcklicher Handanlegung und Schlägen gekom-
en, so ist ein Unterscheid zu machen, ob solches auf unvermuthlich vorges
llene Verunwilligung in continenti in der ersten Hitze geschehen, oder, ob die
elegenheit darzu vorsetzlich gesuchet sey. Erstern Falls ist der Aggressor mit
lbjährigem Gefängniß, oder dreymonatlicher Condemnation ad operas,
ch des Magistratus Academici Wahl zu bestrafen. Zweyten Falls aber,
nn nemlich die Gelegenheit zur Verunwilligung vorsetzlich gesuchet wor-
n, und es darüber zu Schlägen gekommen, soll der Aggressor ein ganzes
ahr im Gefängniß sitzen, oder auf ein halb Jahr ad opus publicum con-
mniret werden.

In diesen beyden Fällen soll der Beleidiger annebst angehalten werden,
m Beleidigten eine Abbitte in öffentlichem Gerichte knieend zu thun, auch
selbst sich zu erbieten, daß er von dem Beleidigten eben das Tractament
nehmen wolle, was er demselben angethan. Wer jemanden aufpasset, und
n mit einem Degen, oder Stocke, oder mit einer Peitsche, oder mit einem
dern Instrument, anfällt und schläget, der soll gleich einem würcklichen Duellan-
beftrafet werden. Wenn er solche böse That mit Hülfe anderer ausgeübet, so
llen solche Helfere, und Helfers-Helfer, wenn sie ihre Absicht gewust,
d dazu vorsetzlich Beystand und Vorschub geleistet, mit gleicher Strafe
gesehen werden.

Art. IX. Weil oftmals vorsetzliche Attaquen und Schlägereyen, welche
n vorherigem Groll und nachgetragenen Tücken herrühren, auch wohl
imliche Ausforderungen zu Duellen, unter dem Namen einer Uebereilung,
er zufälligen Rencontre, verstellet werden; so wird dem Magistratui Acade-
ico hiemit aufs ernstlichste eingebunden, bey Vorfallenheiten, da vorge-
andt wird, daß die Beleidigung per Rencontre, und nicht aus prämeditirtem
orsatz, geschehen, aufs genaueste nach allen Umständen zu erforschen, ob
in der That also sich verhalte, oder nur fälschlich vorgegeben werde. Und
wenn

wenn sich dann findet, daß der Beleidiger mit dem Beleidigten nicht erst zu der Zeit, da die vorgegebene Rencontre geschehen, in Streitigkeit gerathen, sondern durch eine, zu anderer Zeit sich zugetragene, Sache Anlaß dazu gegeben worden; so soll ein solcher Aggressor, ohne Unterscheid, ob die Attraque mit andern Real- oder Verbal-Injurien, oder mit einer Nöthigung, daß der Attraquirte den Degen zücken müssen, begleitet gewesen sey, oder nicht, gleich einem würklichen Duellanten und Provocanten zum Duell, Inhalts nachstehendes Art. XI. bestrafet werden.

Art. X. Wenn aber der vorkommende Casus auf eine wahre unverstellete Rencontre qualificiret zu seyn sich zeiget, und einer von denen, die solcher gestalt aneinander gerathen, entleibet, oder so, daß er davon stirbet, verwundet wird, soll zwischen dem Aggressore und Aggresso der gehörige Unterscheid gemachet, ob sie sich intra terminos inculpatae tutelae gehalten, beobachtet, und sonst die Sache nach denen gemeinen Rechten entschieden und bestrafet werden.

Art. XI. Wenn jemand sich gelüsten läßt, seinen Widersacher entweder selbst, oder durch einen andern, zum Duell herauszufordern, es sey auf dem Degen, oder auf Pistolen, zu Fuß oder zu Pferde, so soll der Herausgeforderte dem Magistratui Academico sofort davon Eröfnung thun, und sodann der Provocant allein; wenn aber der Provocirte die Ausforderung, sie geschehe schriftl. oder mündlich, annimt, so sollen beydes, der Provocans und Provocatus, wenn gleich kein Duell darauf erfolget, sondern daßelbe, ohne der Parthenen Zuthun, durch obrigkeitliches Veranstalten abgewandt worden, auf ein Jahr ad operas publicas bey einem Vestungs-Bau, oder in einem Zuchthause, oder, an statt dessen, auf zwey Jahre zum Gefängniß, wo bey sie das erste Jahr mit blossem Wasser und Brod zu ernähren seyn, condemniret; wenn es aber zum würklichen Duell gekommen, daßelbe jedoch ohne Entleibung oder tödtliche Verwundung abgelaufen, beyde mit zweyjähriger Condemnation ad operas publicas, oder vierjähriger Gefängniß, bestrafet werden. Der Provocans soll auch nicht die geringste privat Satisfaction für den ihm etwa zugefügten Schimpf, um deswillen die Ausforderung geschehen, zu gewarten haben, sondern denselben immerwährend tragen. Solte jedoch der Provocans nach der von ihm geschehenen, und von dem Provocato angenommenen, Ausforderung vor dem würklichen Duell eines bessern sich besinnen, seinen Unfug des Provocirens erkennen, und mit dessen Bereuung die Sache, ehe sie kund werden, der academischen Obrigteit selbst anmelmelden, so soll er mit vorgesetzter Strafe übersehen, und bloß in eine mäßige Geldbuße condemniret werden.

Art. XII. Wenn der Provocatus die ihm geschehene Provocation vor dem Duell der Obrigkeit zwar denunciret, aber zu der Provocation durch die dem Provocanten zugefügte Beschimpfung Anlaß gegeben: so ist der Provocatus solches seines Denuncirens ungeachtet, darum, daß er durch Beschimpfung des Provocanten zum Autore rixae sich gemachet, gebührend zu bestrafen; das hebet aber sodann die von dem Provocanten verwürkte oben Art. XI. ausgedruckte Strafe nicht auf, sondern dieselbe ist an ihm dennoch zu vollziehen.

Art. XIII. Diejenige, die wegen geschehener, oder angenommener Provocation, oder wegen vollbrachten, und ohne Todtschlag abgegangenen Duells, mit der Flucht sich zu retten suchen, sollen, wenn sie in Unsern Landen betreten werden, zur Haft und gebührenden Strafe gezogen werden. Wenn sie aber entkommen, und auf ergangene peremtorische Edictal-Citation sich nicht einstellen, sollen sie von Unserer Universität publice cum infamia in perpetuum, aus Unsern Landen aber auf gewisse Jahre, relegiret, und solche Sententia relegationis der Obrigkeit des Orts, von wannen sie gebürtig seyn, ad notitiam zugeschicket werden.

Art. XIV. Wenn ein Duell in, oder ausserhalb Unserer Lande geschieht, und einer der Duellanten dabey entleibet wird, und entweder sofort auf dem Platze todt bleibet, oder von einer empfangenen absolute lethalen Wunde hernach stirbet; so soll der Thäter, ohne Unterscheid seines Standes, der Wesens, und ohne alle Begnadigung, mit dem Schwerdt vom Leben zum Tode gebracht, und dessen Leichnam, nicht weniger der Leichnam des Entleibten, an einen Abort begraben werden. Desgleichen sollen, wenn beyde Duellanten auf der Wahlstatt todt bleiben, ihre Leiber daselbst, oder an einem Abort, begraben, auch wenn einer der Duellanten verwundet, und die Wunde zwar nicht lethal befunden wird, er aber dennoch durch Verwahrlosung seines Chirurgi, oder wegen einer andern zufälligen Ursache, daran stirbet, sein Cörper in der Stille ausserhalb des Kirchhofes eingescharret werden.

Wenn der Mörder flüchtig wird, so ist derselbe durch Steckbriefe, und sonst auf alle Weise möglichst zu verfolgen; wenn man aber seiner Person nicht habhaft werden kan, sein Bildniß mit einer Beschreibung der Beschaffenheit seines Delicti an den Galgen zu heften.

Diese

IV. Beylage ad cap. ix.

Diese Bestrafung in effigie soll aber die gesetzte Todesstrafe nicht aufheben, sondern dieselbe an dem Mörder, wenn er über lang oder kurz erhaschet, und vest gemacht wird, vollzogen werden, ohne daß er darwider mit der Verjährung, oder einem andern Vorwand, sich schützen könne.

Art. XV. Damit solche Missethäter desto schwerer entkommen mögen, so sollen Pro-Rector und Senatus Academicus, sobald von einem vorgegangenen Duell, Rencontre, oder Schlägerey, ihnen etwas kund worden, es sey damit abgelaufen, wie es wolle, mit möglichster Geschwindigkeit zu der Captur der Verbrecher eilen, und ihrer Personen in Zeiten sich zu versichern alle erdenkliche Vorkehrung anwenden.

Art. XVI. Weil bey Schlägereyen und Duellen Leute gemeiniglich sich befinden, die unter dem Namen von Secundanten, oder Mittelspersonen, in die Sachen sich mischen, denen Duellen beywohnen, auch wohl, an statt sie die in Streit gerathene zur gütlichen Beylegung ihrer Händel persuadiren sollen, die Duelle befördern, und dazu anreitzen; So sollen dieselbe nachfolgendermaßen bestrafet werden.

1.) Die Secundanten sollen in allem den würklichen Duellanten gleich, und also, wenn das Duell ohne Entleibung abgelaufen, mit vierjähriger Gefängniß, und zwar das erste Jahr bey Wasser und Brod, oder mit zweyjähriger Arbeit an einem Vestungsbau, oder im Zuchthause, bestrafet; auf dem Fall aber, daß eine Entleibunge vorgefallen, mit dem Schwerdt vom Leben zum Tode gebracht werden.

2.) Die Carteltträger, oder mündliche Herausforderer, und welche wissentlich Waffen und Gewehr zum Duell hergeben, sind mit vierjähriger Gefängniß, oder zweyjähriger Condemnation ad operas, zu bestrafen.

3.) Die Dienere und Domestiquen, so zu Duellen wissentliche Handreichungen, oder andere Dienste, leisten, sollen 6 Monate bey einem Vestungsbau im Karrenschieben, oder, wenn sie zu schwach dazu sind, sechs Monate im Zuchthause sitzen, und arbeiten.

4.) Wer einem Duell zusiehet, und mit Vorbewußt dabey sich einfindet, aber nicht auf alle Weise bemühet ist, solches zu verhüten, da er es doch wohl gekonnt, soll vier Wochen, und nach Befinden noch länger, im Gefängniß sitzen.

5.) Wer

5.) Wer einen Duellanten verbirget, oder verhelet, und dadurch sich schuldig machet, daß die Obrigkeit seiner nicht habhaft werden kan, auch wohl gar dem Duellanten zu seiner Flucht mit Rath und That behülflich ist, der soll dreymonatliche Gefängnißstrafe ausstehen.

Art. XVII. Wer von einem geschehenen, oder vorseyenden Duell Nachricht bekömmt, soll dem jedesmahligen Pro-Rectori solches unverzüglich anmelden, damit letzternfalls die Vollziehung des Duells, wenn es möglich ist, verhindert werden könne. Wenn aber jemand dieses Anmelden unterlässet, ob er sich im übrigen des Duells, oder des Streits, woraus es hergekommen, sh nicht theilhaftig gemachet, man aber hernach erfähret, daß er darum gewißt, so soll er nach Bewandniß der Umstände mit einer Geldbusse, oder derer willkührlicher Strafe, welche der Magistratus Academicus zu determiniren hat, beleget werden.

Eben das haben auch diejenigen verwürket, und soll an ihnen vollstrecket werden, welche von einer vorseyenden, oder vorgegangenen, Rencontre Wissenschaft gehabt, und es dem Pro-Rectori nicht angezeiget. Der Pro-:ctor ist aber sodann schuldig, und wird hiemit befehliget, die Person, die in dergleichen anzeiget, auf ihr Begehren allerdings zu verschweigen, und den Namen zu ihrem Nachtheil und Gefährde nicht kund zu machen.

Art. XVIII. Einem jeden gebühret, wenn in seinem Beyseyn Leute sich zanken, dieselben so viel möglich zu besänftigen, und den Ausbruch des Streits zum Handgemenge, so viel ohne Gefahr eigenen Leibes und Lebens geschehen kan, verwehren zu helfen. Wer aber solches nicht thut, und im Gegentheil den Ausbruch der Streithändel zu Thätlichkeiten auf einige Weise veranlasset, facilitiret, oder befördert, der soll entweder in viermonatliche Arbeitsstrafe am Vestungsbau, oder im Zuchthause, wovon die Wahl dem Magistratui Academico zustehet, verfallen seyn.

Dafern jemand sich so weit vergriffe, daß er Leute zu einem Duell zusammenhetzete, oder, welches einerley ist, zu einer verstellten Rencontre aufhetze, oder, wenn jemand demjenigen, der eine ihm kund gewordene Provocation, oder Duell, der Obrigkeit denunciiret, oder der selbst provociret wäre, er für die ihm wiederfahrne Beschimpfungen durch den Weg Rechtens Satisfaction gesuchet und erlanget, oder noch zu suchen gesonnen wäre, solches zweislich vorzuhalten, ihn deshalber von Gesellschaften auszuschliessen, ihm

bey

IV. Beylage ad cap. ix.

bey Tisch den Teller umzukehren, oder ihm auf andere Weise verkleinerlich und verächtlich zu begegnen, sich unterstünde, und ihn dadurch per indirectum zum Duell, oder zu einem Duellgleichenden Rencontre, anzutreiben; So soll derselbe Verbrecher denen würklichen Secundanten gleich, nach Inhalt obigen XVI. Art. Nro. I. bestrafet werden, und zwar, so viel die Anhetzung zu einem Duell, oder einer Rencontre, betrift, mit der Maaßgebung, daß, wenn das Duell, oder die Rencontre, ohne Entleibung abgelaufen, die Anhetzer mit zweyjähriger Condemnation ad operas, oder vierjähriger Gefangenschaft, wenn aber einer der Duellanten, oder durch eine verstellte Rencontre aneinander gerathenen, oder auch beyde, ums Leben kommen, der Anhetzer, gleich dem, der ihn entleibet, mit dem Schwerdt vom Leben zum Tode gebracht werden solle.

Art. XIX. Auf Unserer Universität zu Göttingen soll durchaus niemand gedultet werden, der zwar für einen Studiosum sich ausgiebet, aber denen Studiis oder Exercitien nicht oblieget, sondern die Zeit mit Müßiggehen, Sauffen und Schwelgen, zubringet, und andere an ihren Studiis durch zudringliche Besuch- und Beschmausungen hindert, auch wohl davon Profession machet, daß er Händel und Plaubereyen zwischen Studiosis anrichte, sie zum Balgen und Rauffen anmire, alsdann zum Secundanten sich gebrauchen lasse, oder, wenn ein Studiosus sich nicht gerne duelliren will, sich zum Unterhändler aufwerfe, es in die Wege zu richten, daß der, das Duell decliniret, gleichsam pro redimenda vexa, durch ein dem, der ihm ein Duell angeboten, und seinem Anhange, zu gebendes kostbares Convivium, vom Duelliren sich befreyen möge. Wer dergleichen Dinge, eines oder mehrerer, sich schuldig machet, und dessen überführet wird, der soll alsofort, ohne einiges Nachziehen, von Unserer Universität weggeschaffet werden, und zwar, wenn er niemanden zu Schlägereyen, oder Duelliren, verleitet, durch ein simplex Consilium abeundi, andernfalls aber, nach Unterscheid der Umstände, entweder per relegationem publicam, oder nach Befinden cum infamia, oder nach Inhalt obstehenden Articuli XVIII.

Art XX. Gleichwie die Studiosi und übrige Universitäts-Verwandte verbunden sind, sowohl unter sich, als gegen andere, die nicht zu der Universität gehören, einer höflichen, sitt- und friedsamen Aufführung sich zu befleißigen; also soll solches auch nicht weniger von denen zu der Universität nicht gehörigen, sie seyn wes Standes, oder Condition, sie wollen, gegen
jene

e geschehen. Wer dem zuwider handelt, ob er gleich zu der Universität nicht gehöret, soll deswegen eben so, als wie es in obigen Articulis specificiret bestrafet werden.

Art. XXI. Das Original dieser Constitution soll in dem Universitäts-Archiv zu Göttingen verwahret, von derselben aber eine gedruckte Copey je dem jetzo zu Göttingen befindlichen, auch künftig jedem der nach Göttingen kommenden Studiosorum bey dessen Immatriculirung, imgleichen denen Universitäts-Bedienten und Verwandten daselbst, zu ihrer allerseitigen Nachkomm- und Verwarnung zugestellet, auch sollen aus Unserer Geheimen Rathsstube dem dortigen Stadtmagistrat zu seiner Nachricht, und da es, so weit es ihn angehet, gelegentlich sich darnach zu richten wissen möge, einige Exemplaria zugefertiget werden.

Zu Urkund alles dessen, was obstehet, haben Wir dieses eigenhändig unterschrieben, und mit Unserm Insiegel bestärken lassen; So geschehen und geben auf Unserm Lustschlosse zu Herrenhausen den 18. Jul. des 1735. Jahres, Unseres Reichs im Neunten.

(L. S.)   GEORGE REX.

V. Beylage ad cap. XI.

Edict wegen Verhaltens der Studiosorum gegen die Garnison und Wachten zu Göttingen, vom 17. Aug. 1738.

Georg der Andere, v. G. G. König von Großbritannien, ꝛc. Aus einigen Unserer seithero an Euch ergangenen Rescriptorum ist Euch bereits bekannt, wie diejenigen Facta und Excesse, so zu einigem Mißvergnügen bey der dortigen Garnison Gelegenheit gegeben, von Uns angesehen worden, und wie sehr Wir wünschen, dergleichen künftig in alle Weise und Wege vermieden, und von beyden Seiten ein unveränderliches gutes Vernehmen und Betragen hergestellet zu sehen. Eure in Erhaltung dieses Zwecks bisher angewandte Sorgfalt, und herausgelassene Mandata, wodurch Ihr dergleichen Unternehmungen, die von Wachten für eine Offension gerechnet werden, und Unlust veranlassen können, untersaget habt, gereichen Uns um so

V. Beylage ad cap. xi.

somehr zur gnädigsten Wohlgefälligkeit, als es eines der vornehmsten Stücke ist, wodurch bey Uns, und um die Euch zu regieren anvertrauete Universität, Ihr Euch ein meritum machen könnet, daß Ihr den äusserlichen Ruhestand derselben zu conserviren, und alles in seinen gehörigen, billigen, und durch allgemeine, oder besondere, Rechte und Verordnungen gesetzten Schranken zusammen zu halten, bemühet send, welche Bemühung dann auch verhoffentlich in jener Absicht nicht ohne gedeihlichen Effect bleiben wird, da zugleich von hier aus die Vorkehrung gemachet ist, daß von Seiten des Commendanten und der Garnison dazu dasjenige, was auf sie ankommt, getreulich beygetragen werden, und daran kein Mangel erscheinen möge.

Damit jedoch gedachte Eure Intimationes destomehr Eingang finden, und desto zuverläßiger befolget werden, erachten Wir von Nothwendigkeit zu seyn, den Studiosis ein gewisses Vorurtheil zu benehmen, woraus einige der bisherigen Vorfälle, allem Ansehen nach, geflossen sind, und dessen Unrichtigkeit von denen, die vernünftig nachdenken wollen, von selbst begriffen werden wird, nemlich dieses: Daß ihnen von des Commendanten wegen, oder von den Schildwachten, überall nichts untersaget werden könne.

Zwar ist es an dem, daß die Universität nach den ihr ertheilten Privilegiis ein besonderes, von Uns und den Uns nachgesetzten Geheimten-Räthen dependirendes, in Unsern besondern gnädigsten Schutz genommenes, Corpus sey; daß die Studiosi ihre ordentliche Obrigkeit an dem Pro-Rectore und Senatu Academico haben, und dauneubero es an und vor sich nicht unrecht sey, wenn sie glauben, daß ihnen, so lange sie in ihrer Sphäre bleiben, und in soweit sie als Studiosi anzusehen sind, niemand, wer der auch-seyn mag, ausser gedachter ihrer ordentlichen Obrigkeit, etwas zu gebieten, oder zu verbieten habe; Immassen Wir denn auch nicht gemeynet sind, solchen und andern ihren Gerechtsamen, und Vorzügen, Eintrag thun zu-lassen.

Es ist aber auch nicht weniger richtig, und lieget vor Augen, daß die Garnison und Wachten gewisse Plätze und Orte zu beobachten und zu verwahren, und ihre angewiesene Functiones und Departement haben, worin dieselbe so wenig, es sey von Studiosis, oder andern, gestöhret und beeinträchtiget werden müssen, als es der Garnison gut geheißen werden könte, und würde, die Universität in ihren Functionen und Gerechtsamen zu turbiren,

Wenn

Edict wegen der Garnison und Wachten ꝛc. 39

Wenn demnach jemand, er ſey ein Studioſus, oder anderer Art Leute, ſich an Orten befindet, wo die Garniſon, oder Wachten, in dem Exercitio ihrer Function ſind, und ſich etwas anmaſſet, das mit dem Exercitio dieſer Function nicht comparible, und wider den allgemeinen Gebrauch iſt: ſo kan die Frage nicht ſeyn, unter was für eine Iurisdiction er ſonſt ſtehe, und ob der Commendant ihm etwas zu befehlen habe, oder nicht; ſondern es ceſſiret der Unterſcheid der Perſonen, das Verbot, ſo ihm geſchiehet, reſtringiret ſich auf den Ort, und es kommt drauf an, daß die Miliß ſich bey dem Exercitio ihrer Function erhalte: folglich kan ſowenig ein Studioſus, als ein anderer, was Standes er ſey, dadurch mit Recht ſich vor beleidiget halten, wenn ihm von einer Schildwachte, zumahlen wenn es mit Beſcheidenheit, in ſoweit dieſe von einem gemeinen Soldaten zu prätendiren iſt, geſchiehet, dieſes oder jenes, was ſich an dem Ort gebühret, oder nicht gebühret, angedeutet wird.

Daß dergleichen Andeutungen denen Studioſis mit Beſcheidenheit, ſo lange damit auszukommen ſtehet, geſchehen ſoll, deshalber iſt von gehörigem Ort die Vorſehung gemachet, und Wir ſind des Vertrauens, es werde von Unſerem dermahligen dortigen Commendanten darüber gehalten werden.

Gleichwie aber, wenn wider Verhoffen ſolches nicht geſchehen, in modo pecciret, und dadurch Gelegenheit zu einer rechtmäßigen Beſchwerde gegeben werden ſolte, von dem ſich vor graviret haltenden Studioſo an die Univerſität zu recurriren, und durch dieſe billige Satisfaction zu ſuchen; keinesweges aber von jenem auf eigene Rache zu gedenken iſt, als welche in einer chriſtlichen und wohleingerichteten Republik ohnmöglich ſtatt finden kan; Alſo dependiret es von den Studioſis ſelbſt, ſich in den cäs nicht zu ſetzen, daß ihnen von den Wachten und Poſten, oder auch von des Commendanten wegen, etwas geboten oder verboten werden dürfte, nud dieſes wird geſchehen, wenn ſie ſich keine Dinge herausnehmen, die niemanden, ohne Unterſcheid des Standes, von den Wachten geſtattet werden: mithin des Nachts vom Walle und denen Stadtgraben bleiben, auf denen Bruſtwehren nicht ſpahiren gehen, keine unerlaubte Aufgänge auf den Wall nehmen, Schwärmer und Raqueten unaße an den Weſtungswerken und Pulverthürnien nicht werfen, auf dem Walle nicht reiten, durch die Thorwachten und Schlagbäume nicht jagen, die Poſten auf ihrem Stande nicht beengen, bey dem Exerciren und denen Pa-

V. Beylage ad cap. XI.

raden sich nicht unbescheiden zudrängen, und sich überhaupt zu den Wachten und Posten nicht nöthigen.

Die Verfassung und allgemeine Regeln der bürgerlichen Gesellschaft, woran die Studiosi so feste als andere gebunden sind, erfordern es, daß ein jeder Stand in seinen Grenzen und Wesen erhalten werde, und was von den Studiosis in diesem Stücke zu leisten ist, fliesset aus principiis her, die die Billigkeit und das natürliche Recht selbst an die Hand geben, so daß man glauben sollte, daß, wie dieses eine der ersten Disciplinen ist, welche von ihnen auf Universitäten gehöret werden, also sich niemanden derselben ausschliessen würde, deren Grundsätze auszuüben. Wenigstens wollen Wir hoffen, daß, da die mehresten von den auf Unserer dortigen Universität sich aufhaltenden Studiosis, wie Wir gerne vernehmen, Leute sind, die eine gute Erziehung mit sich gebracht haben, dieselben von ihrer Obliegenheit überzeuget seyn, und einsehen werden, daß es überhaupt etwas niederträchtiges sey, in Dingen, die wider die Ehrbarkeit und Billigkeit laufen, einen Theil der Academischen Freyheit zu setzen.

Ihr werdet demnach dem Coetui Studiosorum obiges alles in einem öffentlichen Anschlag vorstellen, den Inhalt Eurer vorigen hieher gehörigen Anschläge, wodurch die zum Theil oben erwehnte, zu Collisionen Gelegenheit gebende, und an sich wider den allgemeinen Gebrauch laufende Unternehmungen der Studiosorum verboten, und sie zu gebührendem anständigen Betragen gegen die Garnison und Wachten angemahnet sind, wiederholen, und in Absicht dererjenigen, die keinen Ermahnungen Platz geben, die Bedeutung hinzufügen, daß die Contraventiones nach Befinden mit dem Carcere und der Relegation ohnverbittlich bestraft werden sollen, auch diese Strafe vorkommenden Falls würklich dictiren und vollstrecken lassen. Wir re. Hannover den 17. Aug. 1738.

(L. S.)   Ad Mandatum Regis et Electoris proprium.

H. Fhr. Grote.

VI. Beylage ad cap. XVI.

Königliche Verordnung wegen des Credits der Studiosorum zu Göttingen, vom 14. Jul. 1735.

Wir Georg der Andere v. G. G. König von Großbritannien, ꝛc. Fügen hiermit zu wissen: Demnach die Erfahrung zeiget, daß es jungen Leuten oftmals zum Verderb gereiche, wenn sie unzeitigen und übermäßigen Credit finden, und dadurch veranlasset werden, nicht allein unnütze Depensen zu machen, und sich in Schulden zu stecken, welche sie hernach nicht zu bezahlen vermögen, und wobey also der Gläubiger unehrlicher und unchristlicher Weise verkürzet wird, sondern auch daneben die edle Zeit zu verschwenden und auf eine Art hinzubringen, welche ihnen, wenn sie hernach zu reiferen Gedanken kommen, Verdruß und Reue hinterlässet; Und Wir dann aus diesen Ursachen überzeuget sind, daß es zur Einführung guter Policey auf einer Universität mit gehöre, dagegen zulängliche Vorsehung zu thun;

Daß Wir dannenhero der Nothdurft zu seyn befunden, für Unsre neuerrichtete Universität zu Göttingen, gegenwärtige Verordnung ausgehen zu lassen, und dadurch, so viel an Uns ist, aus landesväterlicher Vorsorge zu bewürken, daß eines Theils die Studiosi zu obgedachten Inconvenientien nicht verleitet werden, andern Theils Leute, die mit ihnen zu handeln und zu wandeln haben, sich für Verkürzung und Einbüßung der Ihrigen in acht nehmen mögen.

Wie demnach

1. Die Redlichkeit und Vernunft erfordern, daß ein jeder mit seinem Vermögen Rechnung mache, und nicht mehr aufwende, als er ertragen und bezahlen kan; von einem ehrliebendem Gemüthe auch zu hoffen stehet, daß es die Bosheit derer, die wissentlich über ihr Vermögen sich in unnütze Depensen stecken, und, um ihren Wollüsten nachgehen zu können, durch allerhand Ränke Geld und Credit zu bekommen suchen, von selbst höchlich verabscheuen werde;

Also werden zuförderst alle des Studirens halber auf gedachter Unserer Universität sich aufhaltende hiermit alles Ernstes ermahnet, die Gelegenheit, wollüstigem vergeblichem Geldverzehren, insonderheit des Schwelgens und Spiel-

VI. Beylage ad cap. XVI.

Spielen, unter welchen ohnedas die Hazardspiele, durch eine allgemeine Verordnung in Unsern Landen gänzlich abgeschaffet und verboten, und also auf Unserer Universität gleichfals in keine Wege zu dulden sind, zu meiden, und sich ihrem Stande und Einkommen gemäß zu halten.

Um aber denen, die ohne Nachdenken in den Tag hinein leben, einen Riegel vorzuschieben, sehen und ordnen Wir

2. Daß einem Studioso, es sey von wem und so viel oder wenig es wolle, überall kein baares Geld ohne Vorwissen und ausdrückliche Einwilligung seiner Eltern oder Vormünder und Vorgesetzten, vorgestrecket, oder auch, wenn diese auf eine gewisse Summe ihm Credit machen, über solche nichts geliehen werden, widrigen Falls, der Gläubiger zu Wiedererhaltung seines Verschusses, sich keines rechtlichen Beytritts zu getrösten haben, sondern, wenn es bekannt wird, und sich dabey die Spuren eines wucherlichen Contracts finden, besonders daneben in namhafte Geldstrafe genommen, der Schuldner aber, wenn er keine Eltern mehr hat, sondern unter Vormünder Händen ist, zwar zur Bezahlung des Angeliehenen angehalten werden, dieses aber ad pias causas verfallen seyn soll. Eben so wenig wollen Wir

3. Gestatten, daß jemand, er sey, wer er wolle, Christ oder Jude, einem Studioso auf Bücher, Kleider, Meublen und andre Sachen, Geld vorschieße, oder dergleichen Pfande an sich bringe, oder auch, wenn solche ihm gebracht werden, sie kaufe: Dafern dem ohngeachtet solches geschiehet, soll das Pfand, oder die angeblich verkaufte Sache, ohnentgeldlich herausgegeben und der Creditor dazu angehalten, auch daneben mit willkührlicher Strafe beleget, das Pfand aber dem Eigenthümer nicht wieder zugewandt, sondern quanti pluris verkaufet werden, und das davon aufkommende Geld ad pias causas verfallen seyn.

Als auch 4. zwar bereits vor Errichtung der Universität, zur Bequemlichkeit des Publici und der Commercien, in Unserer Stadt Göttingen ein öffentliches Leihhaus angeleget, und demselben, laut der von Uns allergnädigst confirmirten Leihhausordnung, einige zu seiner Consistenz unentbehrliche Gerechtsame ertheilet werden, bey welchen es billig sein Verbleiben hat; Indes aber nach gedachter Verordnung verboten ist, Leuten, die unter Eltern oder Vormünder Gewalt stehen, Geld aus dem Leihhause zu thun; So haben die Administratores dieses auch gegen die Studiosos zu beobachten, und wissentlich denenselben kein Geld herzuschießen, sondern wenn ihnen Pfänder gebracht werden,

Credit-Edict vom 14. Jul. 1735.   43

werden, wovon sie vermuthen können, daß sie einem Studioso gehöreten, sich darnach möglichst zu erkundigen, und solchenfalls sie abzuweisen, die Leihfactors auch wissentlich dergleichen Pfande zum Versatz, beym Leihhause nicht anzunehmen, oder zu gewärtigen, daß sie, soviel der Vorschuß beträget, dem Rathe zur Strafe erlegen.

5. Sollte jemand sich unterstehen, einem Studioso per indirectum auf die Maasse zu Gelde zu verhelfen, daß er demselben Waaren gebe, daß dieser sie versilbern möge, und der Creditor dieses Absehen gewust, oder aus den Umständen habe vermuthen können, z. E. da etwan die Waaren so beschaffen gewesen, daß der Studiosus solche für sich nicht nützlich gebrauchen können; So soll der Creditor seines Geborgeten durchaus verlustig seyn, und darneben zur Strafe ein Viertel des Betrags an seine ordentliche Obrigkeit, und der Studiosus den Preiß, wozu er die Waaren angenommen, dem Magistratui Academico erlegen, oder dafern er arm ist, mit dem Carcere bestrafet werden; derjenige aber, der die Waaren von ihm, als bey dem er dergleichen richtiger Weise nicht vermuthen könte, gekauft, solche ohnentgeldlich zur Strafe herausgeben, welche denn ad pias causas verfallen seyn sollen.

6. Sind solche Sachen, die blos zur Wollust und ad luxum gehören, namentlich Coffée, Thée, Chocolate, gebrannte Wasser, Billard-Geld, Pferde-Wagen-Cariol- und Schlittenheuer, und solche Galanteriewaaren, die ein Studiosus nicht selbst trägt, gar nicht zu creditiren, oder, dafern es geschiehet, so ist das creditirte durch gerichtliche Hülfe nicht beyzutreiben. Daher alle diejenige, so mit dergleichen Waaren und Sachen handeln, sich barnach zu achten und vor Schaden zu hüten haben.

Gleich wie sich aber 7. Fälle begeben können, daß ein Studiosus auf einige Zeit ohne baares Geld sey, und Unsere gnädigste Meynung ganz nicht ist, ihn in Absicht solcher Sachen, die ihm zu seinem Lebensunterhalt und Fortsetzung seiner Studien nöthig sind, creditlos zu machen; Also rechnen Wir zuförderst hierunter die schuldig bleibende Honoraria für gehaltene Collegia, die Salaria der Exercitienmeister, Ärztlohn der Medicorum und Chirurgorum, und was an Medicamenten, und Büchern nöthig ist, als welches insgesamt ohne Unterscheid der Summe auf gehöriges Anmelden und Liquidiren, jedesmal ungesäumt beygetrieben werden soll.

F 2   Hier-

VII. Beylage ad cap. XVI.

Hiernächst gestatten Wir, daß einem Studioso für Stube und Bette, auf ein halb Jahr, für den Tisch auf ein viertel Jahr, für Kleidung bis auf vier und zwanzig Thaler, für Schneider-Schuster und andere Handwerks-arbeit bis auf sechs, und für Wein und Bier bis auf fünf Rthlr. creditiret und geborget werde; Da Wir denn dem Magistratui Academico hiemit aufgeben, denen Creditoribus, so nicht über besagte Zeit und Summen borgen, ohne Verzögerung Justiz zu administriren; denen aber, die darüber gehen, die rechtliche Hülfe auf den Ueberschuß nicht zu geben.

Wie nun
8. Sowohl die Universitäts- und Stadtobrigkeit, als die Studiosi und Bürger, nach dieser Unserer Verordnung sich gebührend zu achten haben; Also haben jene dieselbe mittelst öffentlichen Anschlages und sonst gewöhnlichermaßen bekannt zu machen und zu publiciren. Gegeben auf Unserm Lustschlosse zu Herrenhausen den 14. Julii des 1735ten Jahres, Unseres Reichs im Neunten.

(L. S.) GEORGE REX.

VII. Beylage ad cap. XVI.

Geschärfte Verordnung wegen Bezahlung des Tischgeldes, vom 7. Jun. 1737.

Georg der Andere, v. G. G. König von Großbritannien, ꝛc. Fügen hiemit allen Universitäts-Verwandten und Einwohnern Unserer Stadt Göttingen zu wissen, welchergestalt Wir mißfällig vernommen, daß Unsere unterm 14ten Julii 1735. des Credits halber gnädigst erlassene Verordnung, worin unter andern das für den Tisch unbezahlte Kostgeld für eine rechtmäßige Schuld erkläret worden, von leichtsinnigen Leuten dahin gedeutet werden wolle, als ob die Tischwirthe ihnen nothwendig creditiren müsten: unter welcher Einbildung Sie nicht nur mit der Bezahlung sehr unrichtig sind, sondern auch manchmahl die Tischwirthe, welche ihnen aus Höflichkeit auf einige Zeit Frist geben, an der versprochenen Zahlung ganz und gar verkürzen, und sich unverantwortlicher Weise heimlich mit der Flucht davon machen, wodurch nicht wenige der dortigen Einwohner, Tische zu halten, zum Nachtheil des Publici abgeschrecket werden. Wenn Wir aber solchem Unfug

VIII. Beylage ad cap. XVI.

fug nachzusehen nicht gemeynet: Als ermahnen und warnen respectivè Wir zuforderst aus landesväterlicher Vorsorge hiermit männiglich, diejenige, bey welchen sie zu Tische gehen, vor allen andern zu rechter abgeredeter Zeit zu befriedigen, damit die Schulden nicht zu hoch steigen, und deren Absührung ihnen demnächst zu schwer werden möge; Setzen, ordnen und wollen daben, daß diejenige Studiosi, welche nach Publication dieses Unsers Edicts sich vorberührter massen heimlich aus dem Staube machen werden, ohne ihre Tischwirthe vorhero völlig zu befriedigen, auf deren angebrachte Klage ohne Unterschied des Standes und der Person, mit der öffentlichen Relegation unausbleiblich bestrafet, und solche in patriam ihnen zugeschicket werden solle. Signatum Hannover den 7ten Jun. 1737.

(L. S.)   Ad Mandatum Regis et Electoris.

G. A. v. Münchhausen.

VIII. Beylage ad cap. XVI.

Declaration des Credit-Edicts, vom 24. März 1746.

Georg der Andere, v. G. G. König von Großbritannien, ꝛc. Ob Wir zwar, mittelst der unterm 14. Julii 1735. ergangenen Verordnung das unzeitige und übermäßige Creditgeben, womit gewinnsüchtige Leute denen Studiosis zu ihrem Verderben an die Haud zu gehen pflegen, zu verhüten und darunter gewisse Gräntzen zu setzen aus landesväterlicher Sorgfalt Uns angelegen seyn lassen; so hat dennoch die Erfahrung gelehret, daß einige Schlupfwinkel übrig geblieben, deren man zu Verhinderung des guten Endzwecks sich zu bedienen gewust hat; und daß insonderheit der 3te §. ermeldten Edicts, nach welchem das Pfand dem Eigenthümer nicht wieder zugewandt, sondern verfallen seyn, und das dafür gelösete Geld ad pios usus verwandt werden solle, zu einem Mittel gemißbrauchet werden wollen, womit man dem Eigenthümer des Pfandes nöthigen könne, den geschehenen Versatz selbst zu verhelen, und das Creditum cum usuris in der Stille zu bezahlen, damit er nicht, durch dessen Entdeckung, seines Pfandes, dessen Werth gemeiniglich weit grösser, als das Quantum des Anlehns zu seyn pfleget, verlustig gehen möge.

F 3   Wenn

VIII. Beylage ad cap. XVI.

Wenn nun auſſer dieſem noch ein = und andere Fälle bemerket worden, welche eine Aenderung und Declaration bedürfen: Als ſetzen, ordnen und declariren, aus landesherrlicher Macht, Wir hiemit, daß zufoderſt, in Abſicht des §. 2. des Anfangs erwehnten Credit-Edicts, der in ſolchem Spho gemachte Unterſchied, ob ein Studioſus Eltern habe, oder unter Vormündern ſtehe, hinführo weiter nicht attendirt, ſondern, er habe Eltern oder Vermünder und Curatores, dennoch, wenn ihm gegen den Inhalt mehrbemeldten §phi baares Geld geliehen worden, zu deſſen Bezahlung zu Cöditiigen weder angehalten, noch das angeliehene Quantum ad pios uſus verfallen ſeyn ſolle. Desgleichen ſoll, quoad §. 3. des mehrerwehnten Edicts, das Pfand, oder die anmaßlich verkaufte Sache, in Zukunft nicht quanti pluris verkaufet, und das davon aufkommende Geld ad pias cauſas verfallen ſeyn, ſondern dem Studioſo, welcher ſolche verſetzet oder verkauft, ohne einiges Eutgeld und ohne Erſtattung des Anlehns reſtituiret werden.

Endlich heben Wir auch die in dem 5ten §. des Credit-Edicts enthaltene Verfügung, nach welcher ein Studioſus, welcher Waaren, ſtatt Geldes zu borge nimmt, den Preiß, wozu er ſolche Waaren angenommen, zur Strafe zu erlegen ſchuldig geweſen, hiemit wohlbedächtlich wieder auf, und haben diejenige, welche Studioſis auf ſolche Art zu unnützen Depenſen Gelegenheit gegeben, den erleidenden Schaden ihnen ſelbſt beyzumeſſen.

Hiernechſt geſtatten Wir zwar, ad §. 6. daß von denen Coffeé-Schenkern denen Studioſis bis auf 4 Rthlr. Credit gegeben werden könne; Im übrigen aber hat es bey Inhalt des angezogenen §. 6. lediglich ſein Verbleiben, inſonderheit aber wird das Creditum von Galanterie-Waaren, ohne Unterſchied, es trage ein Studioſus dergleichen, oder nicht, für eine inexigible Forderung hiemit erkläret.

Als auch ad §. 7. Zweifel entſtanden, ob unter dem Quanto von 6 Rthlr. welches einem Studioſo an Schneiderarbeit zu creditiren verſtattet worden, auch dasjenige, was der Schneider an Kleinigkeiten fourniret, mit in compurum zu bringen ſey; Und dann unſere Meynung bey Abfaſſung des Credit-Edicts allerdings dahin gegangen, daß einem Schneider, es wäre dann, daß er als ein Handelsmann die Hauptſtücke der Kleidung ſelbſt hergiebt, in welchem Fall der Artikel von der Kleidung ſtatt haben würde, ein mehreres als überhaupt 6 Rthlr. nicht zuerkannt werden ſolle: So laſſen Wir es hiebey auch billig bewenden. Und wie Wir übrigens

mehr=

Declaration des Credit-Edicts vom 24. März 1746. 47

mehrgemeldtes Unser Credit-Edict in allen übrigen Puncten hiemit nochmals erneuern und bestätigen; Also werden zugleich alle und jede demselben entgegen handelnde, über unerlaubte Schulden und Alienationes sprechende, von Studiosis ausgestellte Verschreibungen, Obligationes, Contracte, Wechselbriefe 2c. nicht weniger alle Renunciationes des SCti Macedoniani et Restitutionis in integrum, es mögen solche mit einem Eide bekräftiget seyn, oder nicht, aus landesherrlicher Macht für null und nichtig erkläret, und alle Kraft und Gültigkeit denselben gänzlich entzogen.

Wir befehlen demnach unserer Universitäts- und Stadtobrigkeit, wie auch Studiosis, Bürgern und Juden, sich nach gegenwärtiger Unserer Declaration und Erläuterung des Credit-Edicts, gebührend zu achten und darüber zu halten, zu welchem Ende dieselbe mittelst öffentlichen Anschlags und sonst gewöhnlicher maßen bekannt zu machen ist. Gegeben Hannover, den 24. März 1746.

(L. S.)   Ad Mandatum Speciale Augustissimi
               Regis et Electoris.

H. Frh. Grote.   C. Diede zu Fürstenstein.
G. A. v. Münchhausen.   D. C. v. Lenthe.